Der Hase
ist furtsam
und
schmackhaft

Müde bin ich Känguruh,
mache beide
Augen zu.

W0303847

Opa u. Oma
beim Frühstück

„Guten Morgen, Fräulein Roggendorf“

„Guten Morgen, Fräulein Roggendorf“

Erinnerungen eines rheinischen Schulmannes

von Carl Cüppers

Herausgegeben für den
Arbeitskreis Schulmuseum
Bergisch Gladbach
von Wolfgang Vomm

Bergisch Gladbach 2005

© Arbeitskreis Schulmuseum Bergisch Gladbach
Rass'sche Verlagsgesellschaft GmbH
ISBN-Nr.: 3-9809631-3-6
1. Auflage: 2.000 Exemplare

RASS'SCHE
VERLAGSGESELLSCHAFT
GMBH

Inhaltsverzeichnis

Zum Buch

Wie kann ein Mensch in seinem vierundachtzigsten Lebensjahr auf den Gedanken kommen, noch ein Buch schreiben zu müssen? Glaubt er, daß es Leute gibt, die lesen wollen, was er schreibt? Warum will er sich das antun? Er kann doch zufrieden sein. Er hat eine liebe Frau, drei liebe Kinder, fünf liebe Enkel, gute Freunde und ein Haus mit Wiese und einem großen Gemüsegarten. Allerdings darf er im Garten nur die groben Arbeiten verrichten: Graben, die Bohnenstangen setzen, die Bohnen legen (am Maiabend), pflegen und ernten. Früher hat er seiner Frau Rosen aus der Stadt mitgebracht, jetzt bringt er lieber Bohnen aus dem eigenen Garten (Neckarkönigin, blaue Hilde und „Möscheeier"). Es geht ihm doch gut – bis auf ein bißchen Rücken- und Ischiasbeschwerden im linken Bein. Er darf alles essen und trinken. Er liest noch alles – nicht gerade das Kleingedruckte – auch die Noten an seinem schönen Flügel. Allerdings nur mit einem Auge. Das andere hat er im Krieg verloren. Jedoch – er hört nicht gut. Aber: „Was er hören will, das hört er", sagen die Leute, die ihn besser kennen. Seine Kinder empfehlen ihm immer häufiger ein Hörgerät. Aber das gerade hört er nicht. Er ist ein pensionierter Schulrat, der morgens etwas länger schlafen darf. Er macht regelmäßige Spaziergänge in den Wald. Er setzt sich auch mal auf sein Fahrrad und will kein Handy, damit er auch mal allein sein kann. Er sollte die paar Jährchen, die ihm noch bleiben, genießen und schöne Reisen machen. Aber das will er nicht! Er hat nämlich das Genießen von Jugend an nicht gelernt. Wie will er das machen? Einfach nichts Richtiges machen! Darum gewährt ihm die Freude und laßt ihn schreiben.

Carl Cüppers

Am ersten Tag in Bergisch Gladbach

Im Frühjahr 1962 erhielt ich die Möglichkeit, von Rheinbach nach Bergisch Gladbach als Schulrat versetzt zu werden. Ich freute mich einerseits über die größere Aufgabe. Aber in Rheinbach hatten wir uns so gut eingelebt, daß wir Abend für Abend hin- und herüberlegten, ob wir wegen einer Beförderung unseren augenblicklichen Lebensbereich aufgeben sollten. Schließlich waren wir schon zwei Mal umgezogen: Von der einklassigen Schule nach acht Jahren in Gimmersdorf zur dreiklassigen nach Berkum und von da zur zwölfklassigen nach Rheinbach. Hier hatte ich doch erst vor fünf Jahren angefangen, und die hiesigen Voraussetzungen für eine lebenslange Tätigkeit waren verlockend: Die schöne Schule am Hexenturm mit zwölf Klassen- und Gruppenräumen um einen Innenhof mit Laubengängen, die große Aula und ein eingespieltes Lehrerkollegium mit idealer Besetzung.
Wir hatten ein schönes Haus mit großem Garten gemietet. Unsere Kinder waren noch klein. Es gab gute weiterführende Schulen, und wir hatten schon ein Grundstücksangebot und träumten von einem Eigenheim.
Mit dem Musiklehrer des Gymnasiums hatten wir einen Madrigalchor gegründet, der sich hören lassen konnte. Meine Frau wollte ungern die lieben Freunde aufgeben, und bis zu ihrem Elternhaus war es nur ein Sprung. Da war guter Rat teuer. Und was sagten die Freunde? „Man geht doch nicht über den Rhein – doch net op de schäl Sick – da wohnen andere Menschen – die bergischen Dickköpp sind bekannt – das würde ich

Die Villa Zanders, 1962 Sitz der Kreisverwaltung

mir gut überlegen". Da ich mich entscheiden sollte, machte ich meiner Frau klar, dass wir wenigstens einmal hinfahren sollten, und dann könnten wir immer noch absagen.
Ich fuhr allein mit meinem neuen Peugeot 405 über den Rhein und fand in Bergisch Gladbach mitten in der Stadt die Villa Zanders, den Sitz der Kreisverwaltung. Bei dem vergeblichen Versuch, eine Parkmöglichkeit zu finden, blieb mir schließlich nichts Anderes übrig, als in die einzige Parklücke zu fahren, obwohl ich genau sah, dass sie für eine bestimmte Autonummer reserviert war. Mir war es egal, und ich dachte, es ist vielleicht ganz interessant zu erleben, wie hier so etwas ausgeht.....
Im Büro des Oberkreisdirektors empfing mich seine Sekretärin, die mir höflich erklärte, dass er erst in einer halben Stunde eintreffen werde. Ich wartete bei einer Tasse Kaffee und der sehr gesprächigen Dame, bis sich schließlich die Tür öffnete und ein kleiner, mit Tasche und dicken Akten beladener, korpulenter Herr hereintrat, alles lautstark auf seinen Schreibtisch knallte und sich sofort an die Sekretärin wandte: „Stellen sie sich vor, auf meinem Parkplatz steht mein Peugeot 405 mit meiner dunkelgrünen Farbe. Im ersten Augenblick dachte ich: „Kann es sein, dass ich schon da bin? Nein, es ist mein Wagen, aber mit einer Bonner Nummer!" Jetzt war es Zeit für mich, aufzustehen und mich als neuen Schulrat mit Bonner Nummer am dunkelgrünen Peugeot vorzustellen. Dann löste sich alles auf in schallendem Gelächter und einer herzlichen Begrüßung. Er freute sich sehr, hatte schon von mir gehört und schil-

müssen, und jetzt soll das mit Ihnen wieder anfangen?“ Wir teilten das Brot und plauderten wie alte Bekannte. Fröhlich fuhr ich nach Hause und erzählte Frau und Kindern von meinen Begegnungen mit drei lieben, freundlichen und sympatischen Menschen.

Der Oberkreisdirektor des Rheinisch-Bergischen Kreises, Dr. Scholtissek

derte mir mein neues Wirkungsfeld in den wärmsten Farben. Ich hatte sofort das Gefühl, dass wir wohl zusammen passen würden. Dann sagte er zu mir: „Mein Wagen steht vor der Tür. Er kann da nicht stehen bleiben. Steigen sie ein, wir machen eine kleine Reise durch ihren neuen Aufsichtsbezirk!“ Ich war begeistert und genoss diese liebliche Wiesen- und Berglandschaft mit den versteckten ein- und zweiklassigen Schulen und auch die freundlichen Kommentare meines Reiseführers. Er begleitete mich noch ins Büro meines Kollegen Schulrat Weitershagen, und wir verabschiedeten uns in bester Laune.

Im Schulratsbüro traf ich nur den Inspektor, Herrn Back. Er zeigte mir den für mich vorgesehenen Büroraum, der im Gegensatz zu meinem Rektorzimmer in Rheinbach ohne jeden Geschmack eingerichtet war. Nun ja, das lässt sich ändern, dachte ich und ließ mir meine gute Laune nicht verderben. Er entschuldigte sich und kam mit einem kleinen Tablett mit Kaffeekanne, zwei Tassen, Zucker und Milch zurück, und wir setzten uns an den runden Tisch. Er war einverstanden, dass ich mein Butterbrot auspackte. Aber als ich ihm davon anbot, seufzte er und sprach: „Jetzt habe ich viele Jahre die Butterbrote von Herrn Schulrat Sauren essen

Die Leiden des armen Dorfschullehrers im 19. Jahrhundert

Es ist ein dornenvoller Weg des armen Dorfschullehrers mit langer Pfeife und Bibel in der Hand bis zum anerkannten und geachteten Volksschullehrer.
Das ganze 19. Jahrhundert hindurch bleibt er eine beliebte Spottfigur, die in Witzen, Liedern und vor allem in zahlreichen Bildreihen und Zeitungen, Bilderbogen und Magazinen mit Hilfe der neu entwickelten Bildtechniken auch in Massendrucken von unterschiedlichem künstlerischen Wert einen bemitleidenswerten, skurrilen Menschen darstellen, dessen einzige Waffe der Stock ist, mit dem er in seiner Not Ordnung zu schaffen versucht.

Dabei dürften viele Bilder mehr dem Geschmack des Publikums und dem Verlangen nach dörflicher Idylle und drolligen Schulszenen entsprechen, als der realen Schulwirklichkeit. Denn schon in den ersten Jahrzehnten des neunzehnten Jahrhunderts hatten Lehrer eine richtige Ausbildung erhalten. Es waren begabte Jungen und später auch Mädchen, die von ihren Lehrern ausgewählt wurden, um ein Lehrerseminar zu besuchen. Das war eine der wenigen Chancen für arme Arbeiter- und Bauernkinder, die von ihnen mit großem Eifer wahrgenommen wurde. Dieser Bildungsweg wurde durch Präparandien erweitert, so dass eine sechsjährige Ausbildung ermöglicht wurde. Es dauerte noch lange, bis diese Auslese von hauptsächlich Männern sich das notwendige Ansehen verschaffen konnte, da sie leider vom Staat schlecht behandelt wur-

Karikatur von Henry Ritter aus den „Düsseldorfer Monatheften"

den. In der ersten Hälfte des Jahrhunderts war es auch um die Schulgebäude schlecht bestellt. Von fast zweihundert meist einklassigen Schulen im Bergischen hatten die Hälfte kein eigenes Gebäude. Die Lehrer litten unter der geistlichen Schulaufsicht, erhielten eine unzulängliche Besoldung und waren zusätzlich auf Küster- und Organistendienste angewiesen. Lange Zeit noch sammelten sie von ihren Schülern das ihnen zukommende Schulgeld ein, das von vielen Eltern sowieso nicht bezahlt werden konnte und erst 1889 abgeschafft wurde. Auch die amtlichen Maßnahmen gegen die damalige Kinderarbeit waren nur unzulänglich geregelt. Die armen Lehrerinnen durften nicht heiraten, sonst mussten sie den Schuldienst ohne Pension verlassen. Diese diskriminierende Regelung wurde erst im zwanzigsten Jahrhundert abgeschafft.

Das politische und humoristisch-satirische Wochenblatt „Kladderadatsch", das seit 1848 die vielen unheilen Zustände im Reich auf`s Korn nahm, (z.B. Militarismus und Untertanengeist) setzte sich oft für die schlechtbezahlten Volksschullehrer ein:

...zehrt am Ruhm von Königgrätz!
Wollt hinfort mit Petitionen
die Regierung doch verschonen.
Denn für euch – bleibt nur bescheiden! –
hat – ich kann es euch beeiden –
und, so schließ ich dies Kapitel,
die Regierung keine Mittel.

Der neue Volksschullehrerstand organisierte sich und stellte Forderungen, die nach dem Wiener Kongress misstrauisch wahr genommen wurden. Der preußische König rügte den „regen Sinn" der Lehrer, die aus dem „gemeinen Mann verbildete Halbwisser" machten. Diese Ausbildung sei „ganz entgegen ihrer künftigen Bestimmung". Das war ein neuer Typ, der berechtigte Forderungen stellte und deshalb für die neue „Aufgeklärtheit" verantwortlich gemacht wurde. Die sogenannten „Stiehlschen Regulativen" waren darauf hin eine Absage an jede Form einer intellektuellen Schulung und freier geistiger Schularbeit, gegen die der lehrerfreundliche Seminardirektor Adolf Diesterweg bis zu seinem Tode gekämpft hat. Erst die „Allgemeinen Bestimmungen" des Ministers Falk im Jahre 1872 schafften den Rahmen für fortschrittliche Schularbeit. Das Lehrergehalt stieg seit 1850 von 300 Mark jährlich auf 900 Mark, für Lehrerinnen auf 700 Mark. Eine Geige mit Kasten kostete damals 12,50 Mark. Die Zahl der Lehrerseminare betrug in Preußen jetzt 135. Aber immer noch war die Elementarschule gegenüber dem Gymnasium benachteiligt. Für einen Volksschüler zahlte der Staat 54 Mark, für einen Gymnasiasten aber 159 Mark. Die Klassenstärken wurden erst allmählich von 80 auf 50 Schüler verringert. Die Reformen (etwa der bedeutenden Kunsterziehungsbewegung) wurden von vielen Volksschullehrern aufgenommen und brachten für die Volksschule Auflockerung der angestrebten Lernziele durch Musik, Spiel, Wandern, Werken, Zeichnen und Gartenarbeit. Aber die Kaiserzeit, die durch Wilhelm II. verkörpert wurde, verstärkte die Entliberalisierung des Schulunterrichts durch neue Direktiven. Es war die dominierende Stellung des Lehrers, der den Stoff darbietet, der den Stoff einübt, mit Hilfe der schematischen Anwendung der „Herbartschen Formalstufen". Jetzt verstärkte sich das patriotische Pathos, das sogenannte Grundtugenden wie Fleiß und Gehorsam verlangte und die eigentlichen Tugenden, wie etwa Hilfsbereitschaft und Toleranz, nicht erreichte. Dabei wurde durch Gedenktage und Sedanfeiern der Militarismus verherrlicht. Das strenge Handhaben von Lob und Tadel und das ständige Moralisieren bestimmten die Schularbeit. Die Erziehungsziele der Kaiserschule waren: fromme Christen und gehorsame Untertanen. Erst nach dem Weltkrieg 1914-18 konnte die Volksschule allmählich zu den Pionieren der Reformpädagogik zurückkehren.

Von meinen Eltern und Großeltern

Mein Vater war ein Bauernjunge aus dem Selfkant, einem Gebiet nördlich von Aachen zwischen der unteren Rur und der holländischen Grenze. Er hat sein Leben lang alle Ereignisse und Erfahrungen von Jugend auf ausführlich festgehalten und fünf handgeschriebene Bücher seinen ältesten Kindern hinterlassen. Mein Buch enthält 117 handgeschriebene Seiten und 57 Federzeichnungen. Er erzählt von der schweren, aber einträglichen Arbeit seines Vaters, der neben dem Ackern noch einen Kleesamenhandel betrieb. Er kaufte von den Bauern den unreinen, mit Spitzwegerich vermischten Samen, reinigte ihn daheim mit Trieur, Sieben und Wannen und brachte ihn fuhrenweise zur holländischen Stadt Roermond. Auch den fünf Stunden weiten Weg zur Börse in Roermond ging er allwinterlich mehrmals zu Fuß. In den Sommermonaten ruhte der Handel. Da gab es Arbeit auf dem Felde. Er hatte mit einer Kuh und einem Morgen 1882 begonnen, und bei seinem Tode hinterließ er 15 Morgen, ein großes Haus, und jedem seiner sechs Kinder ein Sparkassenbuch.

Mein Vater schreibt über ihn: „Keine Tätigkeit im Jahreslauf war ihm so würdevoll und ernst wie das Ausstreuen des Samenkorns. Still und fast feierlich schritt seine hohe Gestalt im weißen Säkleid über die lockere braune Scholle, und die Rechte schwang kraftvoll im Halbkreis die Körner. Wie freute er sich, wenn er beim Sonntagsspaziergang feststellte, wie regelmäßig die rötlichen Keimblätter aus der Ackerkrume hervorschauten!“

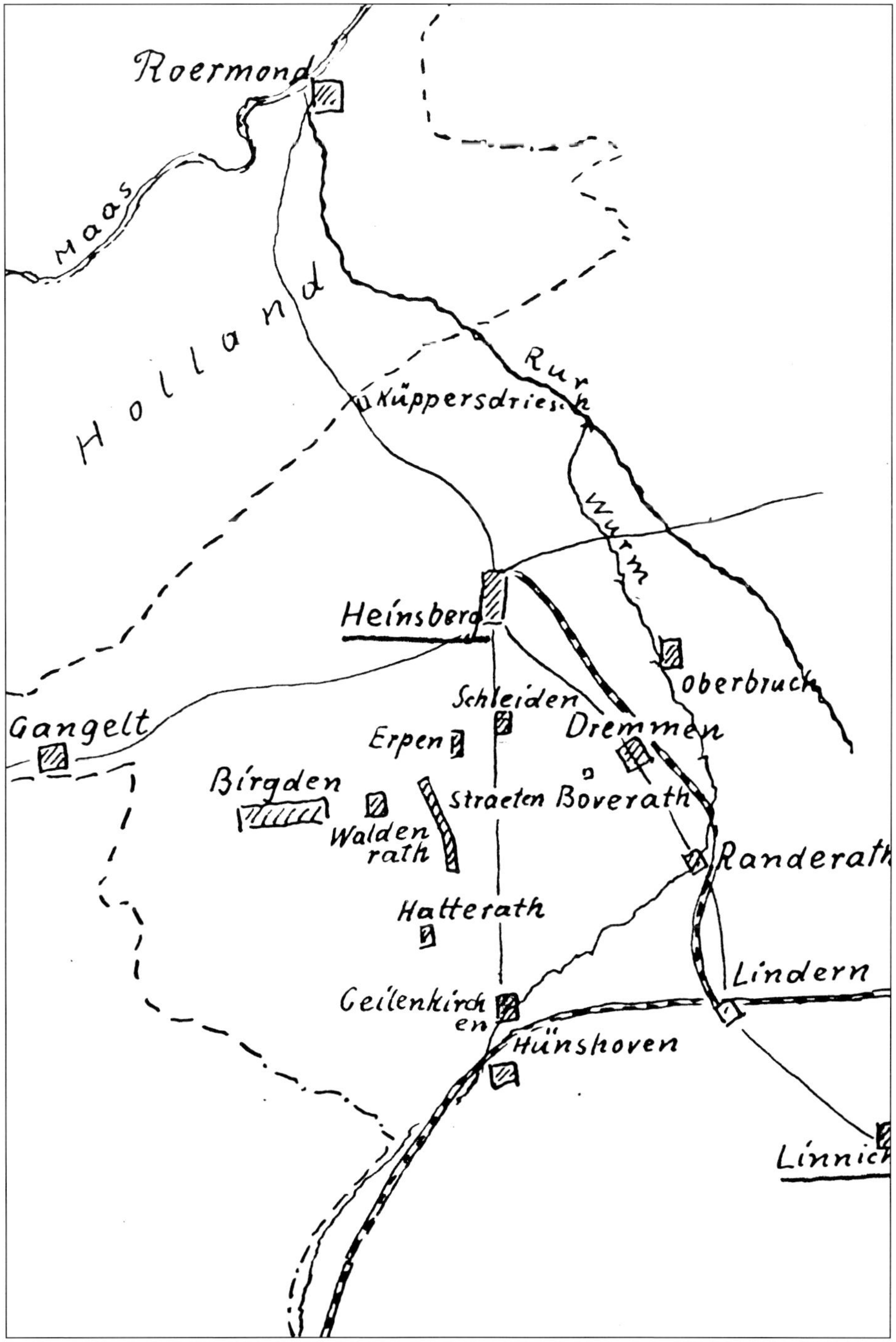

Selfkant, die Heimat meines Vaters

Mein Großvater Wilhelm Cüppers

Martin Claßen, mein Großvater mütterlicherseits

Fahrrad, Marke „Eigenbau"

Der sonst so friedfertige Mann konnte in hellen Zorn geraten, wenn ein Feldnachbar zu weit gepflügt hatte. Da war Jochen aus Erpen, der es damit nicht genau nahm. Wie hat ihn Wilhelm da angefahren, wie flogen die gröbsten Schimpfworte über das Feld, bis es schließlich Jochem doch zu viel wurde. Mit langen Schritten und gefällter Mistgabel sprang er heran und machte Miene, seinen Gegner zu erstechen. Der aber riß Rock und Kamisol auf – mir blieb das Herz stehen – und rief ihm zu: „Stäk!" (stich).

Da machte Jochen kehrt, und beide Kampfhähne kehrten an ihre Arbeit zurück, ohne einander für diesen Tag sich nur noch eines Blickes zu würdigen. Er starb im Alter von 76 Jahren an Altersschwäche. Er war bis wenige Tage vor seinem Tode auffallend rüstig und las ohne Brille.
Seine hervorstechenden Charaktereigenschaften waren unbestechliche Rechtschaffenheit, persönlicher Mut und eiserner Fleiß.
Über sich selbst schreibt mein Vater: „Ich kannte alle Kirchtürme und Windmühlen von Roermond bis Erkelenz und Brachelen. Es waren ihrer wohl fünfzig. Ich kannte alle Pflanzen, die am Feldrain blühten, und wenn mir einer eine Nuß schenkte, so konnte ich nach Form, Größe und Härte der Schale untrüglich feststellen, auf welchem der 15 Nußbäume des Dorfes sie gewachsen war".

Ich war begeistert von dem neuen Lehrer in Scheifendahl. Er wanderte mit uns und erzählte unterwegs viel Heimatkundliches und kannte alles, was da fleucht und kreucht. Aber leider „ergab er sich dem Trunke" und war eines Tages nicht mehr da.
Ich freute mich auf den Herbst, dann war das Jäten, das Aufsetzen, Wagenladen und Einfahren der Ernte und danach noch das verhaßte Kartoffelaufheben vorbei. Dann trieben wir die Kühe aufs Feld und „tüderten" sie auf dem Kleedrisch fest und brauchten sie nach Bedarf nur „fortzupinnen".

Meine Mutter war die Tochter eines Schmiedemeisters und seiner Ehefrau. Als kleiner Junge war ich dort oft lange in Ferien, um unsere Mutter etwas zu entlasten. Zur Schmiede gehörten auch Kühe und ein Schwein, Hühner und Gänse, ein großer Garten und Wiesen mit vielen Obstbäumen. Ich weiß, wie

Rotklee mit Spitzwegerich
fünf Zeichnungen meines Vaters

Alte Windmühle in Waldenrath

Der Heinsberger Dom

schön es dort ist, und ich bin sicher, daß meine Mutter mit noch fünf Geschwistern, abgesehen von Nahrung und Kleidung, von ihren Eltern viel Liebe erfahren hat. Der Großvater Martin wird beschrieben als ein „großer geselliger Bursche", der 18 Jahre im Kohlscheider Instrumentalverein die Tuba blies. In seinem Militärpaß steht: Als Fahrer vom Sattel und Bock und mit dem aptirten Chassepot Carabiner M 71 und als Beschlagsschmied bei der Truppe. Führung gut.

Schmiedemeister Claßen baute 1884 ein Fahrrad. Die beiden etwa gleich großen Holzräder hatte der Nachbar Stellmacher angefertigt. Das Gestell entstand in seiner Schmiede. Das Fuhrwerk war groß und schwer und lief auf Holzfelgen.

Zu Pfingsten fuhr er damit über den Kohlscheider Kirmesmarkt, und viel Volk lief hinter ihm her. Er hatte in zwei Ehen sechs Kinder. Eines davon, meine Mutter, kam nach der Schule zu ihrem Onkel nach Embken und half ihm bei der Post.

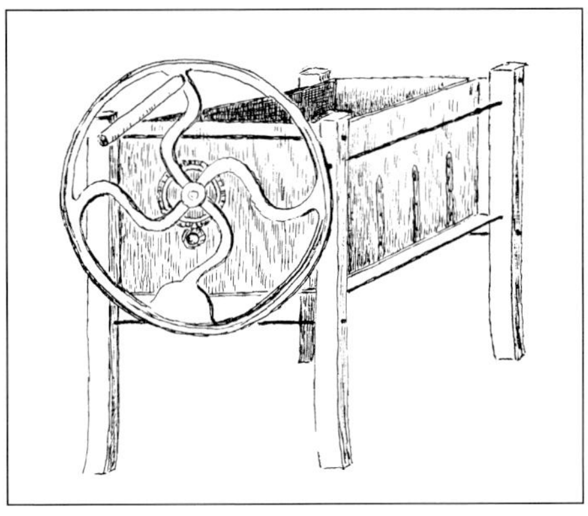

Butterfaß von 1892

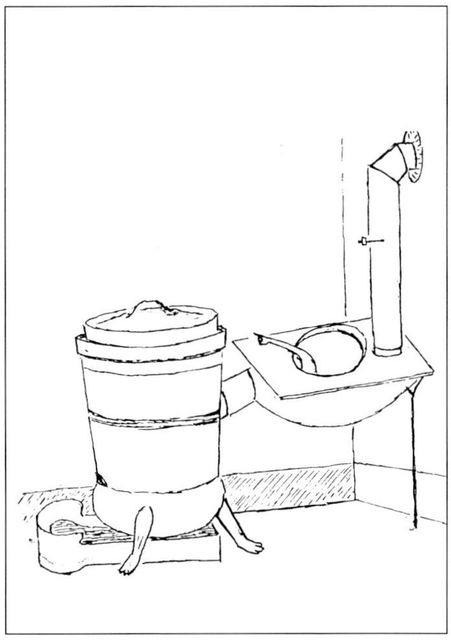

„Bärenklau" mit Kochvorrichtung

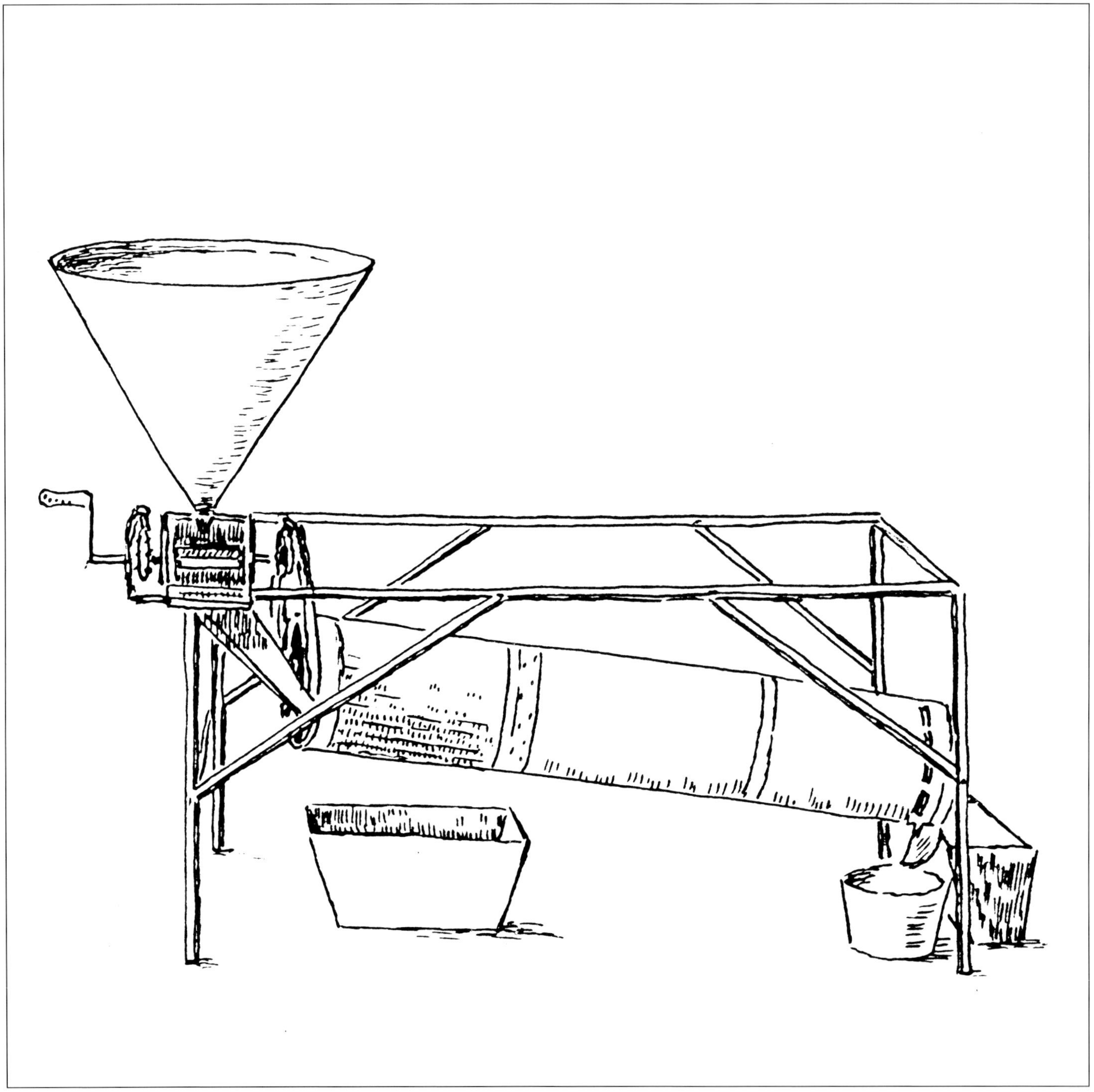

Eigenbau eines Trieurs, Zeichnung meines Vaters

Wilhelm will Lehrer werden

Nach seiner Schulentlassung besuchte mein Vater die Präparandie in der Kreisstadt Heinsberg, ging gleichzeitig zur Abendschule nach Scheifendahl und zur Heinsberger Sonntagsschule. Er schreibt: „Die Präparandie hat es manchem Jungen des Selfkants ermöglicht, Volksschullehrer zu werden."

Abgesehen von Leibesübungen wurde der Stoff der Volksschule in allen Fächern gepaukt und aus Literatur, Geschichte und Religion viel auswendig gelernt. Der Unterricht an drei Wochentagen dauerte von 10 bis 18 Uhr. An den übrigen Tagen mußten reichliche Hausaufgaben erledigt werden. Das Schulgeld betrug monatlich fünf Mark. Mittags aßen wir unser Butterbrot und konnten bei der Frau des Lehrers für fünf Pfennige soviel Kaffee trinken, wie wir wollten. Nach dreijährigem Besuch mußte man sich einer Aufnahmeprüfung im Lehrerseminar unterziehen. Seminare gab es in Kornelimünster, Linnich, Elten und Düren".

Aus dem Tagebuch meines Vaters:
„Was ein Tafelklavier ist? Ein großes Möbelstück, so hoch wie ein Tisch und so lang und breit, daß acht Personen daran zu Mittag speisen könnten.

Es gibt nur noch wenige davon, und das ist gut so. Anno 1903 las man in der Heinsberger Zeitung, daß in Luchtenberg ein Tafelklavier „gut erhalten" zu verkaufen wäre. Wir wanderten mit dem Vater nach Luchtenberg zur Besichtigung. Es war blank poliert, aber

Abschied vom Lehrseminar Linnich

das -Eingeweide- war in großer Unordnung. Auch die Tasten klemmten und standen nicht in gleicher Höhe. Aber Vater sagte: „Das kann unser Küster reparieren. Was kostet es?" „Fünfzig Mark", sagte der Anbieter. Prompt bot er vierzig Mark. Man teilte den Streit, und für fünfundvierzig Mark war es gekauft. Nach zwei Tagen fuhren mein Bruder Josef und ich mit dem Handwagen nach Luchtenberg und holten das Klavier nach Hause. Nachdem es für fünfzehn Mark ausgebessert und gestimmt war, konnte man darauf spielen, aber täglich war etwas daran zu reparieren".

Gesuch um Aufnahmeprüfung am Seminar

„Für die Aufnahmeprüfung mußte jeder Kandidat im Besitze eines Gesundheitszeugnisses sein. Zu acht Bewerbern gingen wir zum alten Ministerialrat Noetlichs. Er war ein sehr beleibter, aber trotz seiner 80 Jahre ein rüstiger und lebhafter Herr. Als er in die Stube trat, wo wir sittsam auf vornehmen Stühlen saßen, lachte er und sagte: „Na, ihr seid ja alle stramme Burschen, oder fehlt euch was?"
Uns fehlte nichts, und wir erhielten ohne Untersuchung das Zeugnis. Die

Präparandie schickte Zeugnis, Gesundheitszeugnis, Führungszeugnis des Pfarrers und Bürgermeisters, zwei Impfscheine und die Verpflichtung des Vaters, für alle Kosten aufzukommen, an das Seminar in Linnich".

Lehrerseminar

„Am 21.März 1905 begann die Aufnahmeprüfung in Linnich. Zu acht kamen wir von der Heinsberger Präparandie. Die Prüfung sollte vier Tage dauern. Als erstes wurde das mit großer Spannung erwartete Aufsatzthema an die Tafel geschrieben: „Wer da bauet an der Straßen, muß die Leute reden lassen". Darauf gab es schriftliche Aufgaben im Rechnen, in Raumlehre, Naturkunde, Geschichte, Erdkunde. An den beiden letzten Tagen waren mündliche Prüfungen. Von dreiundachtzig Bewerbern hatten dreißig bestanden.
Zu vier bis sechs Seminaristen lebten wir in Kosthäusern. Das Studierzimmer war für alle gemeinsam. Das Kostgeld betrug im Sommer sechzehn, im Winter siebzehn Groschen pro Tag. Abends wurden wir revidiert. Um zehn Uhr wurde die Haustür verschlossen, dann tranken wir häufig noch Bier und rauchten die lange Pfeife.
Das Lehrerseminar ist viel geschmäht worden – und das nicht zu Unrecht. Wie wenig die Lehrer selber nach den Grundsätzen verfuhren, die sie lehrten, konnte man täglich beobachten: Die herrliche Flora wurde nicht an Ort und Stelle gezeigt, der geologische Aufbau der Landschaft, der sich am Talhang und an Sandgruben dem Auge darbietet, war dem Lehrer unbekannt. Von den zahlreichen Töpfereien, der Papier-

Frohngau, alte Schule und Kirche 1908, Zeichnung meines Vaters

war. Die Schule zählte 104 Kinder. Soviel Leute gingen nicht in den kleinen Saal des alten Schulhauses, darum war Wechselunterricht nötig. Des Morgens kamen die Frohngauer, des Nachmittags ging der Lehrer zu dem 1/2 Stunde entfernt liegenden Buir, was besonders im Winter wegen der oft hohen Schneewehungen nicht so einfach war. Aber für jeden Gang erhielt der Lehrer 2 Mark. Nach 2 Jahren wurde in Buir ein eigenes Schulhaus errichtet bis dahin war die geräumige Stube bei Hansen das Schulzimmer. Aber auch Frohngau hatte einen prächtigen Schulneubau erhalten, u. zwar nach den Plänen des im Jahre 1939 in Düren im Alter von 92 Jahren verstorbenen Baurates Alfons de Ball. Im Frühjahr 1909 wurde das

Neue Schule in Frohngau

Inschrift: Der Schule gute Lehr:
Des Lebens Burg und Wehr.

Neue Schule in Frohngau

fabrikation und der Brauerei wurde niemals ein Wort erwähnt. Statt dessen lernten wir Geschichtsdaten, Geburts- und Sterbetage, ganze Abschnitte aus „Overbergs Anweisungen“, und in der Übungsschule arbeiteten wir nur nach „Herbarts Formalstufen“.
In der Zeit zwischen 16 und 18 Uhr hatten wir Ausgang. Aber in der Stadt durften wir kein Wirtshaus betreten. Der Besuch der Schulmesse in der Pfarrkirche wurde kontrolliert; ebenso der sonntägliche Besuch der Andacht mit Christenlehre im Kloster. Im Sommer durften wir in einem Nebenarm der Rur schwimmen. Es gab aber keinen Schwimmunterricht. Zwei Jungen aus meinem Kursus sind damals beim Baden ertrunken“.

Das Fahrrad (Fibelbild)

Die erste Stelle in der Eifel

Nach bestandener Erster Lehrerprüfung erhielt Wilhelm seine erste Stelle in Frohngau. Das war soweit weg von Heinsberg, daß er den Namen noch nie gehört hatte. „Nach längerem Suchen auf der Eifelkarte fand ich das Dörflein in der Nähe der Erftquelle in der äußersten Ecke des Kreises Schleiden. Die Zugreise erforderte ein viermaliges Umsteigen. Vor Antritt meines Dienstes am 1. April 1908 sollte ich mich beim Landrat in Schleiden vorstellen. Den Landrat traf ich nicht an, ebenfalls den Schulrat nicht. Ich übernachtete beim Kaplan Vondenburg und fuhr am nächsten Tag über Kall nach Nettersheim. Der dortige Lehrer Daniels begleitete mich bis auf die Höhe von Zingsheim. Es dämmerte schon in den hohen Fichten, als ich auf Engelgau zu marschierte. Die Dorfstraße war menschenleer, und ich fragte im Wirtshaus nach dem Weg. Nach kurzer Rast machte ich mich wieder auf die Beine. Es schneite dicke nasse Schneeflocken, und nach einer halben Stunde sah ich die Häuser von Frohngau unter einer dicken Schneelast am Berghang liegen. Matter Lichtschein fiel aus einzelnen kleinen Fenstern, und bald betrat ich die warme Gaststube des Hubert Radermacher, wo ich ein Jahr und neun Monate gut und billig wohnte“.

Der erste Tag in der Schule

Direkt neben der Kirche am Friedhof lag die alte Schule. Sie war ein einfaches Haus mit einer kleinen Schulstube. Einhundertvier Kinder hatten sich eingefunden. „Wir stellten fest, daß für alle kein Platz war. Fast die Hälfte der Kinder wohnte im 2,5 km entfernten Dorf Buir. Für sie wurde ein großes Zimmer gefunden, so daß ich am Nachmittag den einhalbstündigen Weg nach Buir zurücklegen mußte. Dafür bekam ich täglich zwei Mark“.
Das freute ihn sehr, und er sparte das Geld, um sich bald ein neues Fahrrad zu kaufen. Das Anfangsgehalt betrug 75 Mark, das Kostgeld 45 Mark monatlich.
Wilhelm war überrascht von der Schönheit der Landschaft, den freundlichen Bewohnern, und nicht zuletzt von den zutraulichen Kindern. Die hohen Buchenwälder mit ihrer reichen Flora fanden seine Bewunderung, und bald konnte er mit seinem Fahrrad seine neue Heimat kennen lernen.
Der Dorfpfarrer, der gleichzeitig auch Ortsschulinspektor war, äußerte bei seinem Besuch in der Schule Bedenken zu der Anschaffung eines Fahrrades, das den Besitzer dazu verführen könnte, zu viel unterwegs zu sein.

Das Fahrrad.

Dem verständigen Lehrer, der alle seine Schritte mit Umsicht, wenn auch ohne peinliche, den Tatendrang hemmende Ängstlichkeit überlegt, kann das Fahrrad ein lieber, guter, wenn auch nicht immer unbedingt zuverlässiger Freund sein, der ihn schnell hinausträgt in den fernen Kreis anregender Freunde, zu geselligen Vereinigungen, in die weite schöne Gotteswelt, in städtische Kultur und Bildungsstätten. Es macht ihn dabei unabhängig von dem Zwange des Eisenbahnfahrplans und stählt seinen Körper für neue Geistesarbeit in der Enge des Studierzimmers. Anders der unverständige junge Lehrer, der willenlos den Lockungen des Augenblickes folgt: Ihm kann das Fahrrad unter der Maske der Dienstfertigkeit zum tückischen, schadenfrohen Verführer werden. Es trägt ihn hinaus in den Bann schlimmer Lustbarkeiten, die seine Sinne umnebeln, ihn Amt und Standesehre vergessen machen. Im Vertrauen auf sein Stahlroß fühlt er sich nicht an die Zeit gebunden. Die Nacht, die keines Menschen Freund ist, findet ihn gar oft auf unzuverlässiger Straße, die dem Rade mancherlei Tücke zu überwinden zumutet und ein achtsames Auge und einen unbefangenen Geist fordert. Unliebsame Begegnungen mit zweifelhaften Persönlichkeiten können noch dazu kommen und Gefahren in wechselnden Gestalten für Körper und Seele bringen. Aber der wilde Ritter von der Gemütlichkeit kommt heil an und versenkt sich in sein Bett. Allzubald schreckt ihn des Dienstes Pflicht vor die zagende Kinderschar; und der unbarmherzige Stock des Mietlings muß die gewissenhafte Vorbereitung ersetzen. Ein widerliches Bild. Und dann die Verwüstung in dem Gewissen des Unglücklichen, der in seiner Ratlosigkeit neue Zerstreuung heischt.

aus: Führer in das Amtsleben des jungen Lehrers von Schulrat Hochscheidt

Die Abendschule

Am Schulhaus lagen dreizehn Buchenstämme, die im Herbst gesägt und gespaltet wurden.
Aus dem Tagebuch: „Wo konnte es gemütlicher sein, wenn draußen hoher Schnee lag und eiserner Wind durch die Gassen fegte? Zweimal in der Woche versammelten sich mehr als dreißig Jungmänner im Schulzimmer um den Säulenofen und unter zwei Petroleumlampen. Der älteste war zwölf Jahre älter als der Lehrer. Sie kamen sicher auch, um die Winterlangeweile zu vertreiben, aber um acht waren alle da. Wir rechneten, schrieben, und ich las ihnen aus geeigneten Büchern vor. Wir sangen auch, und ich erzählte Sagen und

Der Ofen (Fibelbild)

Geschichten aus der Heimat. So angenehme Schulstunden habe ich nie wieder erlebt. Nach einer Stunde wurde ein Pfeifchen angebrannt, und dann gab es bis zehn Uhr wieder fröhliche Unterhaltung. Ohne Plan, ohne Listen, ohne Revision, aber ich schätzte meine Abendschule höher ein als die angeordneten und bezahlten Abendschulen nach 1925".

An einem Sonntag im Jahre 1911

„Gegen 14.00 Uhr mittags erschienen am Himmel etwa ein Dutzend Luftballone über Frohngau. Es war eine so genannte Fuchsjagd. Ein Ballon, der mit roten Rosen bekränzt war, landete auf der Wiese, und die anderen versuchten in möglichst großer Nähe dieses „Fuchses" zu landen.
Als ich mit dem Kollegen von Buir zur Andacht ging, hörten und sahen wir das Spektakel. Die Kirchgänger standen auf dem Kirchhof, und wir gesellten uns

dazu. Den Pfarrer, der gleich neben der Kirche wohnte, hörte man laut sprechen in der Kirche. Eine Frau sagte: „Hä es am schänge“ (er schimpft).
Als wir nach einer Weile die Kirche betraten, stand er mitten in dem kleinen Raum und rief: „Da kommen die Herren! Immer bin ich allein“. Dann schritt er erregt zum Chor hin; an der Kommunionbank drehte er sich um, schaute uns zornig an, schlug mit der Faust auf die Kommunionbank und rief: „Ich werde mich beschweren bei der königlichen Regierung!“
Mittlerweile hatten wir arme Sünder unsere Plätze erreicht und knieten folgsam nieder“.
Beide Lehrer empfanden diesen Auftritt des Pfarrers und Ortsschulinspektors als eine Demütigung, die sie ohne Widerspruch hingenommen hatten. Hier ließ der Vorgesetzte seine Überlegenheit gegenüber den Untergebenen spüren.
Schon bei dem letzten Gespräch mit dem Pfarrer über das neue Fahrrad des Lehrers zeigte sich der Pfarrer so unwillig, als hätte er dem Lehrer das Fahren verbieten müssen. Wilhelm schluckte seinen Ärger, in dem er eine Eintragung in seinem Tagebuch machte: „Einsichtige Lehrer haben den Ortsschulinspektor das größte Übel im Leben eines Lehrers genannt“. (Diese Verallgemeinerung hat er sicher später in Embken revidiert, als ihm Pfarrer Wammers zum Abschied ein Bienenhaus schenkte).
Schulrat Hochscheidt aus Trier erklärt im „Führer in das Amtsleben des Lehrers“ 1912 vor allem die Gefahren für den jungen Lehrer als Radfahrer. Leider kann ich diese Belehrungen meinem Vater nicht mehr vorlesen. Der Pastor aus Frohngau hatte sicher in einem Recht: „Ein Lehrer mit einem Fahrrad ist schlecht zu kontrollieren“.

Automobil (Fibelbild von 1910)

In der folgenden Geschichte zeigt es sich, daß der Lehrer der einzige Radfahrer im Dorf war, der wie selbstverständlich gehandelt hat.

Das erste Auto im Dorf

Die abseits der Heerstraße gelegenen Dörfer haben lange auf das moderne Verkehrsmittel gewartet. Das erste Auto kam im Herbst 1909 nach Frohngau.

Der Gemeindevorsteher Christian Schnichels hatte seit einigen Tagen hohes Fieber. Man mußte sogar den Doktor aus Münstereifel anrufen. Als dieser am nächsten Tag nach zweistündiger Wagenfahrt mit seinem mageren Pferdchen oben in Frohngau anlangte, verordnete er die sofortige Überführung des Kranken in die Klinik nach Bonn.
Vater erzählt: „Es war an einem heiteren Herbsttage, als ein junger Mann atemlos angerannt kam und mich bat, mit dem Rad nach Euskirchen zu fahren und zu versuchen, das einzige Auto in Euskirchen nach hier zu holen. Es gab nämlich am Sonntag noch keine Telefonverbindung. Während ich in aller Eile mein Fahrrad aus der Scheune holte, erklärte der Mann noch: „Also Meyer in Euskirchen in der Wilhelmstraße. Oben am Hausgiebel steht der Name groß angeschrieben“.

Und schon schwang ich mich auf's Rad, um in schnellster Fahrt über Roderath, Weißenstein, Eicherscheid, Münstereifel, Iversheim nach Euskirchen zu gelangen. Kurz vor der Stadt sprang ich an einer Gartenwirtschaft ab, um in aller Eile ein Glas Bier hinunter zu stürzen, wobei ich förmlich in die Knie sank. Meyer war mit seinem Auto zu Hause. Auf dem Bahnhof gab ich schnell mein Fahrrad als Expreßgut nach Nettersheim auf, während Meyer seinen Wagen startete. Er warf mir noch einen alten Mantel zu, und ich saß zum ersten Male in einem Kraftwagen. Trotz des Mantels fror ich noch, denn meine Kleider waren schweißgetränkt. Gegen fünf Uhr kamen wir in Frohngau an. Das ganze Dorf stand vor dem Hause des Kranken. Dann trug man den Gemeindevorsteher aus dem Hause. Das Fieber brannte auf seinem Gesicht. Traurig streifte sein Blick über Scheune und Hofraum, als fühlte er, daß es ein Abschied für immer war".

Gelobt sei Jesus Christus!

Am Montagmorgen, kurz vor 10.00 Uhr, klopfte es an die Schultür, und herein trat der Ortsschulinspektor, der Herr Pastor. Die Kinder standen auf und sagten im Chor: „Gelobt sei Jesus Christus!" Nach dem „In Ewigkeit Amen" sprach er zu mir: „Herr Lehrer Cüppers, Sie wissen, daß ich das Baden im kleinen Teich den Kindern verboten habe. Am Sonntag gegen 17.00 Uhr habe ich sie alle erwischt. Ich fordere Sie auf, alle Kinder in gerechter Weise zu bestrafen!". Er war sehr erregt und verließ ohne Gruß den Klassenraum. Ich forderte die Kinder auf, folgenden Satz ins Reinheft zu schreiben: – Der Herr Pastor hat das Baden im Dorfteich verboten –.

Damit war der Vorfall erledigt, und es wurde nicht mehr darüber gesprochen. Nur ein Junge meldete sich noch und sagte: „Ich bin nicht weggelaufen und blieb im Wasser. Der Herr Pastor rief: „Du kommst sofort aus dem Wasser!" Darauf habe ich gerufen: „Ich bin evangelisch, Herr Pastor!"

Für Kölner Kinder umsonst

Mein Vater erzählte, daß er mit den Eifelkindern aus Frongau den Kölner Zoologischen Garten besuchen wollte. Ein Kölner Lehrer, mit dem er befreundet war und dem er von seiner Reise erzählte hatte, machte ihm folgenden Vorschlag:

„Wir treffen uns am Eingang zum Zoologischen Garten und ich melde an der Kasse 32 Kinder aus Köln-Höhenhaus". Es schien alles wie gewünscht zu klappen, bis der Kassierer plötzlich rief: „Dat Hötchen es net von Kölle!"
Er durchschaute den Schwindel und machte aber alle Augen zu.

Die Zweite Prüfung

Nach zwei Dienstjahren konnte man den Versuch wagen, sich zur Zweiten Prüfung zu melden. Wilhelm bewarb sich mit dem Nachbarkollegen Schnidden, der in Kornelimünster studiert hatte. Wilhelm schreibt: „Wir wußten, daß wir noch lange keine Schulmeister waren, aber wir trösteten uns mit dem Gedanken, daß die anderen auch nicht mehr leisteten. Also: Auf nach Kornelimünster!

Bei der alten Frau Kapellmann am Markt, der Mutter des bekannten Schriftstellers und Lehrers Benedikt Kapellmann, fanden wir ein hübsches Quartier. Unser Aufsatzthema hieß: „Bildung des Willens durch Willensbildung im Schulleben". Dann folgte die Lehrprobe: „Dehnung und Schärfung in der Mittelklasse". Danach wurden wir zur Methodik verschiedener Fächer befragt. Der damals so gefürchtete Provinzialschulrat Freundgen aus Koblenz war auch anwesend. Aber er war schon alt und zahm geworden, und wir haben uns alle über den gemütlichen alten Herrn gefreut".

Versetzung nach Aachen/Brand

„Vom 1. April bis 15. Oktober arbeitete ich an der vierzehnklassigen Volksschule. Ich habe mich dort nicht heimisch gefühlt. Hier war ich Stundengeber, Tagelöhner, der in vier Klassen Unterricht erteilte."

Für den Deutschunterricht der Klasse 5 waren zehn Klassenaufsätze vorgeschrieben. Ein Kollege überreichte ihm ein Heft, in dem alle Themen und ihre Ausführungen festgehalten waren.

Januar:	Nutzen und Schaden des Frostes
Februar:	Der Geburtstag unseres lieben Kaisers

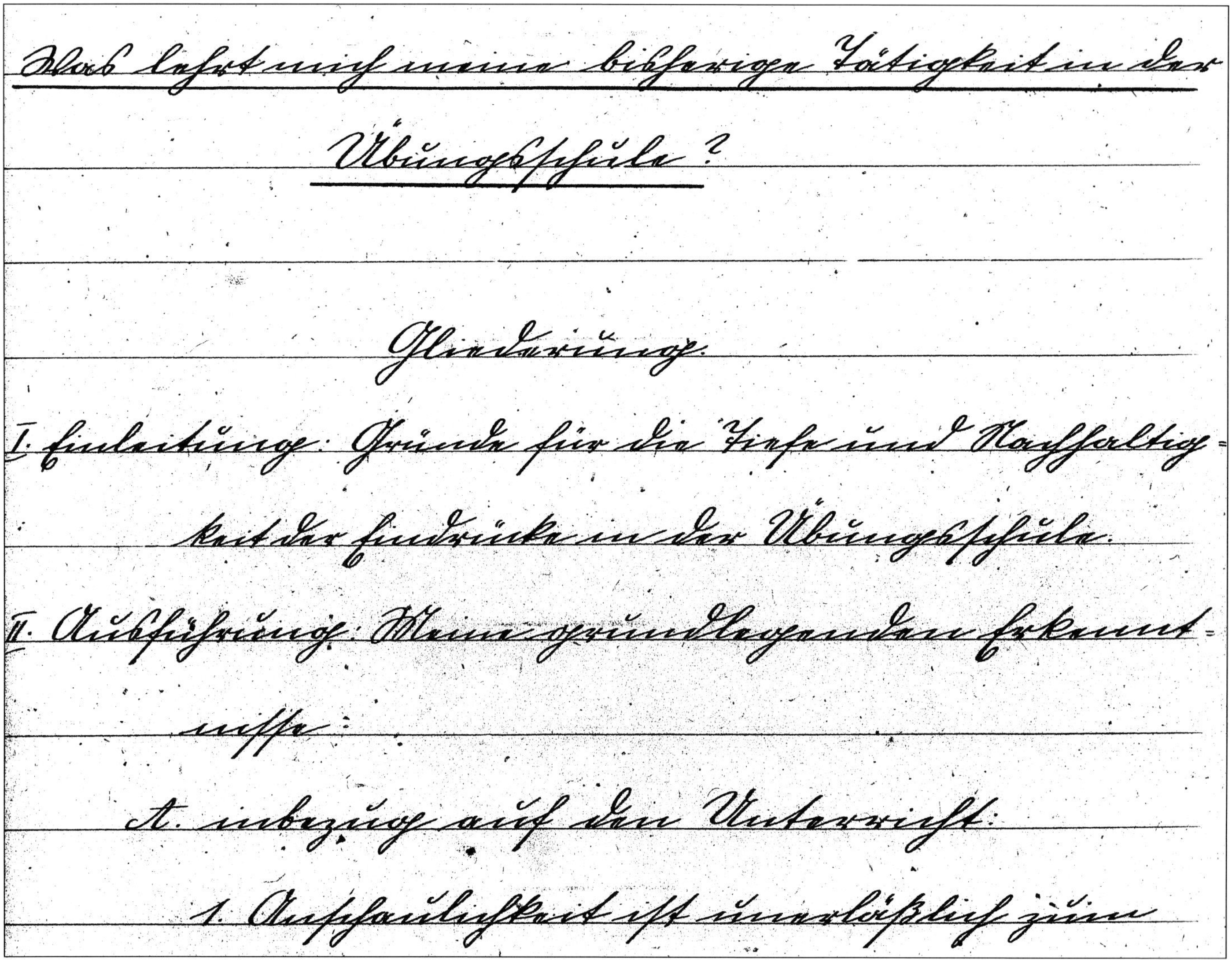

Was lehrt mich meine bisherige Tätigkeit in der Übungsschule?

Gliederung.

I. Einleitung: Gründe für die Tiefe und Nachhaltigkeit der Eindrücke in der Übungsschule.

II. Ausführung: Meine grundlegenden Erkenntnisse:

A. inbezug auf den Unterricht:

1. Anschaulichkeit ist unerläßlich zum

Schriftliche Arbeit zur zweiten Prüfung

März:	Der Aachener Dom
April:	Das hochheilige Osterfest
Mai:	Der Garten im Frühling
Juni:	Das hochheilige Pfingstfest
September:	Gehilfen des Menschen bei der Arbeit
Oktober:	Der Herbst
November:	Am Fest Allerheiligen
Dezember:	Neujahrsbrief an die Eltern

Nur einmal wurde eine Ausnahme gemacht: „Der Kaiser in Brand". Hier wollte er nicht bleiben. Seine Kollegen verstanden ihn nicht. Aber sie wußten auch nicht, wie sehr er die selbstständige Arbeit liebte. Er schrieb: „Heute, am 15. Oktober 1913, hundert Jahre nach der Schlacht bei Leipzig, bewerbe ich mich um die Stelle in Embken-Nideggen." Hier begann für ihn eine glückliche Zeit.

Nun aber: Über mich!

Es ist schon zweiundachtzig Jahre her, daß mich der Klapperstorch in dem Eifeldorf Embken-Nideggen in die Wiege einer jungen Familie gelegt hat. Als er zwei Jahre später ein neues Kind brachte, konnte ich schon laufen und hatte ein Kleidchen an. So brachte der Storch in schöner Regelmäßigkeit 1920, 1922, 1925, 1927, 1929, 1933 und dann noch nach acht Jahren 1941 ein neues Kind, so daß wir bald eine kinderreiche Familie wurden. Bis auf eine Schwester, die bei der Geburt starb und eine weitere Schwester, die bei einem Bombenangriff auf Düren den Tod fand, sind wir heute noch fünf Geschwister und alle gesund und munter. Wenn wir zusammen sind, erzählen wir, wie es früher war, als ob es gestern gewesen wäre: Wie wir gewohnt haben, wie einmal der Christbaum gebrannt hat, wie wir in der Nacht ein Erdbeben erlebten, und wie wir samstags gebadet wurden in der Zinkwanne. Sie stand in der im Hof gelegenen Waschküche. Aus dem Waschkessel schöpfte man heißes Wasser in die Wanne. Zuerst badeten die Mädchen, dann die Jungen und am Schluß die Eltern. Das Wasser wurde nicht erneuert, sondern bei jedem ein halber Eimer nachgeschüttet. Dann sauste man über den Hof und zweiundzwanzig Stufen hoch in die Wohnung.
Ich habe damals nicht gemerkt, daß wir arm waren. Heute weiß ich, wieviel Vater verdient hat. Er verbesserte sein Grundgehalt von 1000 Mark jährlich (für Lehrerinnen betrug es 800 Mark jährlich), durch Orgelspiel in der Kirche

Meine Eltern mit Carl, Walter und Hedwig

und seine regelmäßigen naturkundlichen Beiträge für die Lokalzeitungen. Als Junggeselle verdiente er auf seiner ersten Stelle nur 75 Mark monatlich.

Fünfzig Mark gingen an das Kosthaus für Verpflegung und Wohnung.
Mit den 25 Mark mußte man auskommen. Das Wichtigste war der Tabak. Da die Seminaristen schon mit 17 Jahren die Pfeife rauchen durften, war ihnen das zur lieben Gewohnheit geworden. Jeder besaß auch einen besonderen Pfeifenkopf: „Zum Andenken an meine Seminarzeit“ mit den Namen aller Kursusbrüder. Im amtlichen Schulblatt informierte man sich über die Preise: Nebenstehende reich verzierte Holzpfeife umsonst beim Bezug von acht Pfund meiner garantiert ungeschwefelten Tabake – acht Pfund Förstertabak 4,25 Mark, Pastorentabak 5,00 Mark, Jagdkanaster 6,50 Mark, holländischer Kanaster 7,50 Mark, Frankfurter Kanaster 10,00 Mark, Kaiserblätter 13,50 Mark.

Alle drei Jahre stieg das Jahresgehalt um 100 Mark. (In der Stockheimer Schulchronik schrieb ein Vorgänger meines Vaters:

1884 wie 1883
1885 wie 1884
1886 Jahresgehalt + 100 Mark
1887 wie 1886 usw.

Das waren die Angaben für ein ganzes Jahr.
Die Gehaltserhöhung war das wichtigste Ereignis des Jahres.
In der Besteckschublade lag ein Messer mit einem schwarzen Holzgriff. Meine Mutter zeigte es und sagte dann: „Das hat der Vater mit in die Ehe gebracht“.

„Ach!“ – spricht er – „die größte Freud’
Ist doch die Zufriedenheit!! –“

Aus Wilhelm Busch, Lehrer Lempel

Den Pfarrer und den Lehrer alter Zeit kann man sich ohne lange Pfeife weder in seinem Amtszimmer, noch in Haus und Garten vorstellen, und ich will auch heute noch nichts dagegen erinnern, wenn dem Arbeitszimmer und den andern Räumen, in denen die Pfeife dominiert, in einer Weise Luft von außen zugeführt wird, daß der verdorbene Tabakgeruch nicht den Kleidern und den Schriftstücken anhaften bleibt. Unter keinen Umständen darfst Du mit brennender Zigarre in die Amtsstube Deines Vorgesetzten oder irgend eines öffentlichen Beamten treten. Das würde Dich aus der Reihe der Kulturmenschen streichen. Unsympathisch wirkt auch das gezierte Wesen des jungen Menschen, der in möglichst auffälliger Weise die Zigarre zwischen den gespreizten Fingerspitzen hält und in geschweiftem Bogen zum Munde führt oder den Rauch in gezwungener Kopfhaltung in auffälliger Weise ausstößt. Es verrät Mangel an Bildung, wenn man in einem Saale, wo sich andere zum Essen versammelt haben, raucht oder zu rauchen beginnt, während andere noch speisen. Wenn man in einem Saale, wo eine musikalische Aufführung geboten, wo gesungen, geredet oder getanzt werden soll, an den Wänden Aufschriften sieht, die das Rauchen verbieten, so zeugt das davon, daß man mit der Teilnahme ungebildeter, oder rücksichtsloser Leute rechnet, zu denen wir uns nicht zählen.

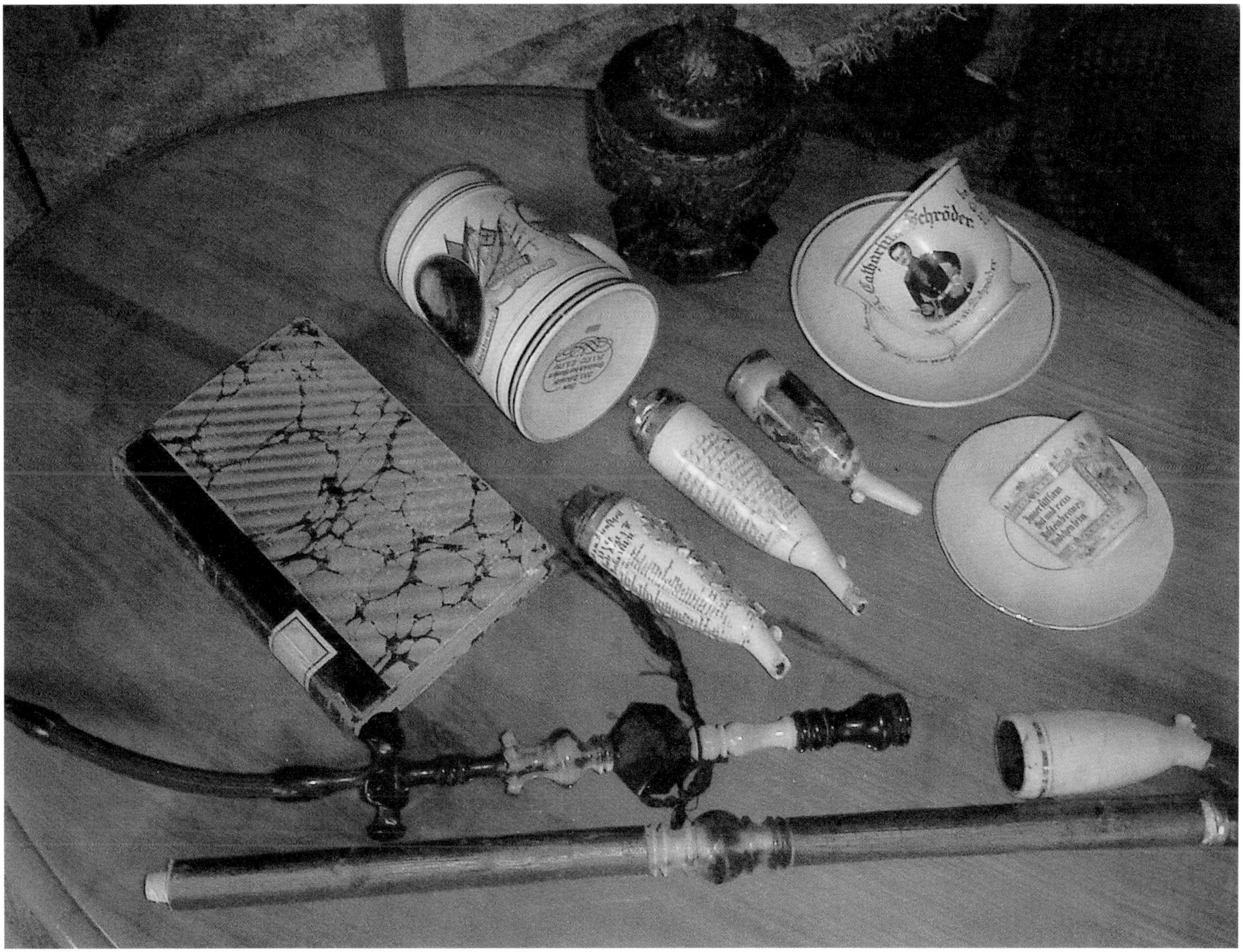

Seminaristensouvenirs

Aber wir hatten einen großen Garten und zahlten keine Miete. Daß die Kinder Sonntagsgeld bekamen, war bei uns nicht bekannt. Für einen Pfennig bekam man im Kolonialwarengeschäft zwei Karamellen. Mein Bruder Walter legte den Pfennig auf die Theke und bestellte: „Zwei Karamellen, aber gemischt!“ Frau Stockheim nahm aus zwei verschiedenen Gläsern je eine Karamelle heraus und sagte: „Mischen kannst du sie selber!“
Als Meßdiener trugen wir lange schwarze Strümpfe, die durch ein Leibchen mit Gummiband gehalten wurden. Abgese-

Embken: Pastorat und Kirche

hen davon, war ich gern Meßdiener, aber ich besuchte nicht gern am Sonntagnachmittag die Andacht mit Christenlehre. Wenn die Andacht zu Ende war, sausten wir auf den Sportplatz, wo die zweite Kreisklasse spielte. Meistens war die erste Halbzeit schon vorbei. Aber der Herr Pastor hatte es abgelehnt, die Andacht eine halbe Stunde vorzuverlegen.

Jeden Abend holte ich abwechselnd bei mehreren Bauern eine Kanne Milch. Die Bauersfrauen waren alle sehr freundlich. Aber eine sagte einmal zu mir: „Wenn der Peter dieses Jahr sitzen bleibt, braucht ihr sicher auch keine Milch mehr".
Das war das letzte Mal, daß ich bei ihr Milch holte.
Als kleiner Junge spazierte ich oft mit meinem Vater zu seinen Nachbarkollegen. Immer waren da Spielgefährten, und es gab zum Kaffee immer Weißbrot mit Honig. Aber, wenn mein Vater mir die Haare schneiden wollte, versuchte ich zu entkommen. Er machte mit seinem Maschinchen einen Kahlschnitt und ließ über der Stirn ein „Sträußchen" stehen. Es sprang unvermittelt aus dem Kopf heraus, da der Übergang zu den anderen Haaren fehlte. Mutter schlug dann hier und da noch eine Verbesserung vor, aber es wurde immer noch schlimmer. Ich trug dann acht Tage lang eine Mütze, da ich mich schämte.

Überhaupt unsere Mutter, der Vater hatte Glück, daß er sie ihrem Onkel, dem Postmeister Claßen, bei dem sie den Postschalter besetzte, ins schöne Schulhaus „entführen" konnte. Beinahe hätte sie den Studienrat Holzporz geheiratet, aber sie entschied sich dann doch für den

Zweiklassige Schule in meinem Geburtsort Embken

Volksschullehrer. Sonst wären wir alle nicht zur Welt gekommen und könnten uns nicht dankbar an sie erinnern.
Es fehlten damals im Haus viele Bequemlichkeiten, derer wir uns heute wie selbstverständlich bedienen.
Auch bei uns war die Toilette draußen auf dem Hof, und alles wurde auf dem Herdfeuer gekocht, gebraten und gebacken. Wir haben nichts vermißt und es schmeckte, was auf den Tisch kam. Mutter las neben der Hausarbeit drei Fortsetzungsromane in beiden Lokalzeitungen und im Liboriusblatt. Wenn sie Gardinen aufhängte, mußte Vater helfen, denn sie war schon schwindelig, wenn sie auf einem kleinen Fußbänkchen stand.
Als unweit vom Dorf dreißig Meter hohe Masten für eine Überlandleitung gebaut wurden, machte mein Vater mit ihr einen „Unterrichtsgang“ zu einem nahe gelegenen Mast. Dann sprach er zu ihr wie ein Lehrer: „Liebe Agnes, ich habe dich hierhin geführt, um dir die Gefahr beim Heraufklettern anschaulich darzustellen und dir ausdrücklich zu ver-

Grundstein der alten Schule in Embken 1741

Sumptibus communis	Auf Kosten der Gemeinde
17 41	17 41
Omnia Majori	Alles zur größeren
Divino Dentur Honori	Ehre Gottes getan
Gloria sit Pariter Virgo Maria tibi	Preis sei ebenso Dir, Jungfrau Maria

Transkription nach NN und
Frau Dr. Giersiepen
der Arbeitsstelle „Inschriften"
Akademie Düsseldorf

bieten, auch nur den Versuch zu machen, hinauf zu klettern“. Das waren die kleinen Späßchen, an denen der Vater sich freuen konnte.
Mutter war auch eine gute Gastgeberin. Der Tisch war reichlich gedeckt, wenn Vater Namenstag hatte. Dann fuhren die befreundeten Lehrer aus der Nachbarschaft mit „Automobilen“ auf den Schulhof. Den Wohlstand verdankten sie den Bienen. Es gab Kollegen, die mehr als vierzig Völker hielten und außerdem noch eine Königinnenzucht betrieben.
Auch wir hatten ein Bienenhaus mit 16 Völkern. Es war ein Geschenk des Nideggen-Embkener Pastors. Unser Honig wurde nicht verkauft. Auf dem Weg zum Schlafzimmer stand ein irdener Topf mit Honig. Er war mit einem Küchentuch abgedeckt, und jeder konnte sich mit Hilfe eines darinliegenden Löffels nach Belieben bedienen. Auf Wunsch des Vaters führte ich den Gästen meine Fortschritte auf dem Klavier vor. Aber noch lieber hörte ich zu, wenn die Gäste sich unterhielten. Es ging dabei nicht um die Schule, nein, beileibe nicht, es ging immer über die Bienen, immer nur über die Bienen. Und dann sangen sie zur Laute und Gitarre viele Lieder: Von der Geiß, deren „Stäts“ festgefroren war, vom Schwäfelhölzchen, von dem Mann, der in den Wald ging, um nichts zu suchen, von den Königskindern, die nicht zueinander kommen konnten, vom Michel in der Lämmerjaß, zau dich Frau, vom Herrn Pastur sin Kau, was soll sich der Mensch mit der Liebe abgeben, es ist ein fein's braun's Mägdelein, jetzt gang ich ans Brünnele, und das traurige Lied von der schönen jungen Lilofee und dem wilden Wassermann. Ich konnte fast alle Lieder mitsingen.

Das Heimatlied vom herrlichen Eifelland, sangen wir auch in der Schule.

O herrliches Eifelland, wonnig und schön,
laß grüßen dich innig und lieben.
Mit goldenen Lettern, die nimmer vergeh'n
Stehst du mir im Herzen geschrieben.

Du prahlst nicht mit Schätzen von goldener Pracht,
dich schmücken nicht Palmen noch Reben.
Doch alles, was selig und fröhlich mich macht,
das hat dir der Himmel gegeben.

Fibelbild meiner Fibel „Hei, leicht und lustig" 1926

Volksschüler, Gymnasiast, Arbeitsmann, Soldat

Ich hatte Glück, denn ich kam zu Fräulein Roggendorf in die Schule. Sie bildete zusammen mit meinem Vater das Lehrerkollegium der zweiklassigen Schule im Eifeldorf Embken/Nideggen. Wenn die Lehrerin das Klassenzimmer betrat, standen wir auf. Fräulein Roggendorf stellte sich auf die Anhöhe hinter das Katheder und wartete, bis wir alle ruhig waren und nach vorne schauten. Wir erwiderten ihren Gruß mit: „Guten Morgen, Fräulein Roggendorf!" Dann falteten wir die Hände zum Gebet.

Sie wohnte in der Schule und gehörte praktisch zu unserer Familie. Sie war ein sehr tüchtiges und liebevolles Fräulein, eine hübsche und jugendliche Lehrerin, in die ich sicherlich nicht allein verliebt war. Sie hatte die Gabe, uns zum Mitmachen zu motivieren, und das Lernen war mit vielen Erfolgserlebnissen verbunden. Am liebsten war mir unser Fräulein, wenn es auf dem Pult der ersten Bank saß und die Laute mit dem bauchigen Resonanzboden und den vielen bunten Bändern umhängte.
Im Sommer trug das Fräulein oft ein weißes Kleid mit einem tiefen Ausschnitt. Als sie sich bückte, habe ich hineingeschaut. Das hatte ich bei meiner Mutter noch nie gesehen!
Am ersten Schultag sollte jeder ein Lied singen. Ich sang:
Teketeketo mein braunes Mädchen.
Teketeketo du kennst mich lange.
Nein, nei, nei, nei, nein nun sei nicht bange.
Nie werd' ich dich hintergeh'n.
Nach dem vierten Schuljahr blieb ich noch ein Jahr bei meinem Vater, der mir

Schüler aus Embken 1927. Ich durfte mit meiner Schwester (noch nicht eingeschult) die Tafel halten. Dahinter Fräulein Roggendorf und links mein Vater.

den letzten Schliff für die Aufnahmeprüfung im Dürener stiftischen Gymnasium geben wollte. Außerdem erhielt ich von ihm Geigen- und Klavierunterricht.
Als ich zehn Jahre alt war, verließen wir unser schönes Dorf am Neffelbach, das alte Schulhaus, die Freunde und auch Fräulein Roggendorf. Meine Mutter stand am Möbelwagen und weinte und wir waren alle sehr traurig.
Mein Vater erhielt eine Hauptlehrerstelle in der Nähe der Kreisstadt, damit wir Kinder einen kürzeren Schulweg zum Gymnasium hatten. So fuhr ich dann morgens acht Kilometer auf einem Damenfahrrad zur Schule und kam nachmittags gegen drei wieder ins Dorf. Ich wäre viel lieber in der Dorfschule bei meinem Vater geblieben.
Später fuhr ich mit meinem fünf Jahre jüngeren Bruder zusammen.
In den ersten drei Jahren hatten wir den lieben „Papa" Steigleder als Ordinarius und Lateinlehrer. Aber danach kamen Französisch und Griechisch dazu und mit den neuen Fächern alte und verknö-

Schulklasse meines Vaters 1927 (links mein Vater, rechts Fräulein Roggendorf)

cherte Lehrer. Den Lateinlehrer habe ich niemals lachen sehen, höchstens dann, wenn er einen Schüler abkanzelte und lachte: „Ahn, sie haben keine Ahnung!" Wir fürchteten ihn besonders dann, wenn er sein kleines rotes Notenbüchlein aufschlug, – und das geschah jeden Tag – und dann listig über die Brillengläser seine „Opfer" musterte und schließlich einen Kandidaten aufrief, den er „fassen" konnte.

Von den Gymnasiallehrern sind mir nur leider wenige in freundlicher Erinnerung geblieben. Herr Oberstudienrat Bös war einer von ihnen. Er leitete in den Ferien die Ausgrabungen einer römischen Töpfersiedlung. Da war ich immer dabei. Er schenkte mir zur Kommunion einen Fußball und schrieb dazu:
„Wer seine Aufgab' schön gemacht, auch an den lieben Gott gedacht, der darf auch feste Fußball treten, erst beten!"
Unser Zeichenlehrer strafte uns mit einem fürchterlichen Schlag ins

Gesicht. Zur Vorbereitung nahm er den Kopf des Schülers in beide Hände und beugte ihn auf die rechte Schulter. Dann trat er zwei Schritte zurück, dann wieder einen Schritt vorwärts und holte mit der rechten Hand zum Schlag aus. Die Folge war, daß in den Zeichenstunden Friedhofsruhe angebracht war.

Ich konnte mir bei den meisten Lehrern nicht vorstellen, daß sie eigene Kinder hätten, oder daß sie einmal im Sessel säßen, die Pfeife rauchten und die Zeitung lesen würden. Unser Französischlehrer hat mich einmal ausgelacht, weil ich anstatt Königinmutter Mutterkönigin gesagt hatte. Seitdem konnte ich ihn nicht mehr leiden.

Ich war dreizehn Jahre alt, als wir mit „Heil Hitler" den Unterricht begannen. Im Gymnasium brauchten die Bücher für Latein, Griechisch, Französisch und Mathematik nicht ausgewechselt zu werden. Im neuen Geschichtsbuch lasen wir in der Schule Abschnitt für Abschnitt, ohne mit dem Lehrer darüber zu reden. Heute weiß ich, dass die Lehrer vorsichtig waren und nicht offen sprechen konnten, um ihre Anstellung nicht zu gefährden. Der neue Direktor war Parteigenosse. Den Gymnasiallehrern wurde nahegelegt, wenigstens in den NSLB, den nationalsozialistischen Lehrerbund, einzutreten.
Unser Musiklehrer war der erste Parteigenosse unter den Lehrern.
Er hatte den Spitznamen „Flitsch".

Mein Bruder Walter und ich mit meiner Schülermütze

Seine Musikstunden waren Singstunden. Er setzte sich an den Flügel, machte ein erstklassiges Vorspiel und dann schmetterten wir die Hitlerjugendlieder bei offenen Fenstern. Danach marschierten wir singend über den Schulhof und er gab laute Kommandos und störte bewusst den Unterricht seiner Kollegen. Es gab zeitweise einen Schulchor und ein Orchester. Ich kann mich aber nicht entsinnen, dass wir jemals Musik gehört oder interpretiert hätten oder etwas von polyphon oder homophon oder wesenhaften Merkmalen von Musikwerken kennen lernten, die man doch wissen muss, um Musik zu erleben.
Ein Hitlerjugendlied endete mit dem Refrain: „Flieg, deutsche Fahne, flieg!“ Aus „flieg“ machten wir „flitsch“ und sangen alle wie verabredet: „Flitsch, deutsche Fahne, flitsch!“ Das war zuviel für ihn. Sofort war die Stunde zu Ende. Er knallte den Deckel der Klaviatur zu und begann fürchterlich zu toben. Wir machten unschuldige Gesichter und keiner von uns war sich einer Schuld bewusst. Hilflos rannte er aus dem Klassenzimmer und schrie: „Das wird böse Folgen haben!“ Er knallte die Tür hinter sich zu, und wir gingen ganz vergnügt in die Pause.
Die ersichtliche Folge daraus war: Dieses Lied wurde nie mehr gesungen.
Wir Schüler waren durchweg Mitglieder des Jungvolkes und trugen auch die entsprechende Uniform. Ich leitete in unserem Dorf das Jungvolk als Fähnleinführer. Es war alles noch sehr harmlos. In Heimabenden lasen wir aus Schulungs-

Kommunionbild mit Pfarrer Wammers. Vorne links Carl mit der neuen Uhr.

Meine Gymnasialklasse in Düren

heften vom Bauernkrieg, von Richthofen, Hermann Göring und Schlageter. Wir sammelten für die Winterhilfe und machten samstags, anstatt zur Schule zu gehen, Geländespiele, Gepäckmärsche und übten mit Kompass und Wanderkarte. Wir sangen Landsknechtlieder und die neuen Lieder der Hitlerjugend. Der Samstag war der „Staatsjugendtag". Meine Uniform war nicht vollständig und ich quälte meine Mutter so lange, bis auch ich wie die anderen eine braune Kletterweste kaufen durfte.

Mein Vater gab wenig Zustimmung für meine Aktivitäten und hätte lieber gesehen, wenn ich Vokabeln gelernt, oder im Garten geholfen hätte. Einmal sagte er zu mir: „Jung, das will ich dir sagen, wir werden den Krieg verlieren". Das war auch für mich ungeheuerlich und unglaublich, und ich wusste, dass man es keinem Menschen sagen durfte.
Auf meinem Abiturzeugnis 1939 standen ganz oben die Bewertungen für Leibeserziehung, differenziert für Leichtathletik, Turnen, Schwimmen, Spiele und Boxen. Es folgten Deutschkunde, Naturwissenschaften, Mathematik, Fremdsprachen, Religionslehre, Handschrift und die Gesamtnote. Hier stand „befriedigend" mit dem Zusatz: Cüppers will Volksschullehrer werden.

Für Abiturfeiern gab es nicht viel Zeit. Nach der Musterung – kräftiger, gesunder Mann – erhielt ich die Einberufung zum Arbeitsdienst an die holländische Grenze. Wir tarnten Westwallbunker, hoben Schützengräben aus und erhielten eine vormilitärische Ausbildung am Gewehr und an der Gasmaske. Ich verschaffte mir einige Vorteile, da ich bereit und in der Lage war, einen Spielmannszug mit Trommeln und Pfeifen auszubilden. Noch vor 1933 hatte sich nämlich in unserem Dorf ein Spielmannszug gebildet. Ein ehemaliger Soldat versammelte zwölf Schüler um sich. Er besorgte Querflöten und Trommeln und wir lernten die bekannten preußischen Märsche. Am Schützenfest weckten wir die Dorfbewohner schon um sechs Uhr in der Frühe und nach dem Hochamt spielten wir einen echten Parademarsch mit allen Schwenkungen und stillen Kommandos, bis wir genau vor dem König zum Stehen kamen.
Des Samstags beim großen Revierreinigen übten wir im Wald das Trommeln und Pfeifen, während die Kameraden voll beschäftigt waren. Um 18 Uhr zogen wir schon bald mit klingendem Spiel ins Lager zurück.
Es war trotzdem eine harte Zeit und ich war froh, dass ich an der Hochschule in Dortmund studieren durfte. Für diese Studienzeit mitten im Kriege bin ich heute noch dankbar, wenn auch die immer häufiger werdenden Bombennächte das Leben in der Großstadt sehr negativ beeinträchtigten.
Meine Studienschwerpunkte waren Deutsch, Musik und Sport.
Stark nationalsozialistisch ausgerichtet waren die Fächer: Rassenkunde, Verer-

Bei den Pimpfen

Beim Arbeitsdienst in Übach

bungslehre, Volkskunde und Geschichte.
Mit meiner ersten Lehramtsprüfung kam ich noch früh genug an die Front und mir blieb nichts erspart. Nach einer ungewöhnlich harten vierwöchigen Rekrutenzeit in Ostpreußen und einer Bordfunkerausbildung in Halle wurde ich als Bordfunker und Stukaflieger (Sturzkampfflieger) an der Ostfront verwundet. Nach meiner Genesung war ich Funklehrer auf dem Fliegerhorst in Hildesheim. Durch die herannahende Westfront mussten alle Einheiten nach Parchim in Mecklenburg ausweichen. Kurz darauf brach auch die Ostfront zusammen und wir flüchteten mit Sack und Pack und Übungsflugzeugen nach Bayern.

Beim Arbeitsdienst in Lichtenberg 1939

Beim Militär. Ausbildung zum Bordfunker. Hier: Training am Maschinengewehr.

Ausbildung im Stuka in Kitzingen

Funkerausbildung in Hildesheim

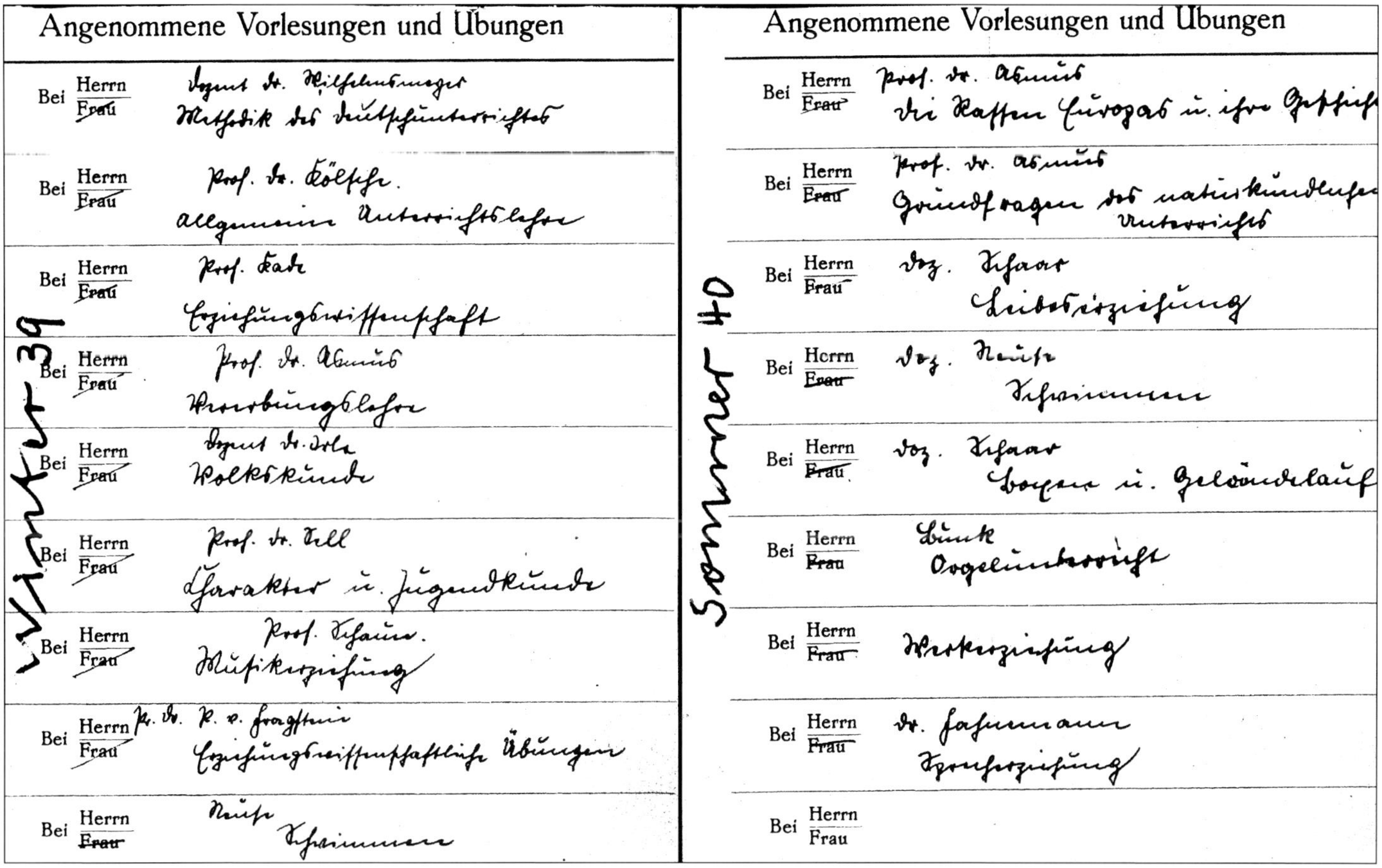

Winter 39

Angenommene Vorlesungen und Übungen	
Bei Herrn ~~Frau~~	Dozent Dr. Hilfelenberger Methodik des Deutschunterrichts
Bei Herrn ~~Frau~~	Prof. Dr. Költzsch allgemeine Unterrichtslehre
Bei Herrn ~~Frau~~	Prof. Kade Erziehungswissenschaft
Bei Herrn ~~Frau~~	Prof. Dr. Clemens Vererbungslehre
Bei Herrn ~~Frau~~	Dozent Dr. Dola Volkskunde
Bei Herrn ~~Frau~~	Prof. Dr. Tell Charakter u. Jugendkunde
Bei Herrn ~~Frau~~	Prof. Schauer. Musikerziehung
Bei Herrn ~~Frau~~	Pr. Dr. R. v. Fragstein Erziehungswissenschaftliche Übungen
Bei Herrn ~~Frau~~	Neuse Schwimmen

Sommer 40

Angenommene Vorlesungen und Übungen	
Bei Herrn ~~Frau~~	Prof. Dr. Clemens Die Rassen Europas u. ihre Geschichte
Bei Herrn ~~Frau~~	Prof. Dr. Clemens Grundfragen des naturkundlichen Unterrichts
Bei Herrn ~~Frau~~	Doz. Schaar Leibeserziehung
Bei Herrn ~~Frau~~	Doz. Neuse Schwimmen
Bei Herrn ~~Frau~~	Doz. Schaar Boxen u. Geländelauf
Bei Herrn ~~Frau~~	Bunk Orgelunterricht
Bei Herrn ~~Frau~~	Werkerziehung
Bei Herrn ~~Frau~~	Dr. Hahnemann Sprecherziehung
Bei Herrn Frau	

Vorlesungen mit Übungen an der Hochschule Dortmund

Ich war bei einer Fahrradgruppe. Wir fuhren hinter einem mit Ersatzteilen beladenen Lastwagen quer durch Deutschland in Richtung München.
Genau am 20. April (Führers Geburtstag) radelten wir durch Berlin. Im bayerischen Wald wären wir um ein Haar in amerikanische Gefangenschaft geraten. Ich weiß bis heute nicht, wo unser Wagen und die Radfahrer geblieben sind. Ich war allein. Es war mir zu gefährlich, nach München zu fahren, und ich suchte am folgenden Tag Zuflucht in einem abgelegenen Bauernhaus. Der Bauer war Soldat und die Bäuerin mit vier kleinen Kindern bewirtschaftete den Hof. Hier fand ich für 14 Tage Unterschlupf. Doch dann hatte ich keine Ruhe mehr und setzte mich wieder auf's Fahrrad mit dem Ziel, meine nach Thüringen geflüchtete Familie wiederzufinden.
Auf dem Wege hatte ich viele Schutzengel und glückliche Zufälle, ohne die ich die abenteuerliche Reise nach Steinach im Thüringer Wald nicht erfolgreich beendet hätte.
Meine Familie bewohnte drei Zimmer (Küche und zwei Schlafkammern unterm Dach) bei Familie Apel und Vogel. Ihnen gehörte das Haus mit der Druckerei. Es fand sich noch ein Bett für mich und wir vier Kinder schliefen zusammen. Bruder Paul, der schon zu Hause eine Gärtnerlehre begonnen hatte, fand eine Ausbildungsstelle im nahegelegenen Sonneberg und kam zum Wochenende mit Gemüse aus der Gärtnerei.
Ich hatte keinen vorschriftsmäßigen Ausweis, weshalb ich froh war, als ein amerikanischer Lautsprecherwagen durch den Ort fuhr und laut und ver-

nehmlich verkündete: „Alle Soldaten, die keinen gültigen D 2 Entlassungsschein aus einem Gefangenenlager besitzen, werden aufgefordert, sich in Sonneberg bei der amerikanischen Kommandantur umgehend zu melden!“ Sofort setzte ich mich in Bewegung und erhielt nach drei Tagen Gefangenschaft den wichtigen Entlassungsschein. Jetzt erst konnte ich mich bei der Gemeinde melden und die mir zustehenden Lebensmittelmarken erhalten.

Es hielt mich nicht länger in Steinach, und ich konnte mit dem richtigen Ausweis auch am Tage unbehelligt in Richtung Heimat fahren, ohne verhaftet zu werden. Ich versprach den Zurückbleibenden, alles vorzubereiten für ihre Heimkehr. Als ich nach ein paar Tagen fröhlich durch das Maintal fuhr, sang ich das Lied, das ich bei meinem Vater oft gehört hatte: „Es hat einmal ein Klosterknecht vor vielen, vielen Jahren Weinfässer in dem Korbgeflecht durch's Tal des Mains gefahren“. Ehe ich mich versah, las ich auf einem Wegweiser: Nach Gelchsheim fünf Kilometer. Sofort ging mir ein Licht auf. Eine Schwester meines Vaters, Tante Billa, hatte mit Mann und zwei Schulkindern ihren Hof in Heinsberg vor den anrückenden Amerikanern verlassen und Zuflucht bei dem Bruder ihres Mannes in Gelchsheim gefunden. Dieses unverhoffte Wiedersehen war auch für mich eine unbeschreibliche Freude. Hier war alles wie im Frieden. Ein gefangener Franzose versorgte den großen Kuhstall mit 25 Kühen.

Aber die Heinsberger waren krank vor Heimweh. Für die Rückkehr standen schon zwei Pferde und ein Fuhrwerk, bepackt mit Saatgut und allem, was für einen Neuanfang notwendig ist, zur Abfahrt bereit.

Durch meine Ankunft beflügelten sich ihre Pläne einer baldigen Rückkehr, und ich spürte, wie sie mich beneideten. In unseren Gesprächen hörte ich erst beiläufig, aber dann immer deutlicher die Frage, ob wir uns nicht gemeinsam auf den Weg machen könnten. Ich versuchte es zu überhören, weil sich meine Pläne gewaltig verzögern würden.Onkel Matjö und Tante Billa waren schon über sechzig und im Reisen unerfahren. „Du könntest uns mit dem Rad begleiten und für die Nächte Quartiere ausfindig machen“. Es war alles so hilflos vorgetragen, daß meine Gedanken sich immer mehr bemühten, meine Gründe zu entkräften. Tante Billa machte einen neuen Vorschlag, der mich überzeugte: „Du fährst erst noch einmal zurück nach Steinach und bringst deinen Eltern und Geschwistern so viel du transportieren kannst, und wenn du zurückkommst, sind wir startbereit“. Meine Familie ahnte nicht, welcher Segen über sie kam, als wir die Pakete von Tante Billa die vielen Treppenstufen hochzogen. Da kam ein richtiger Schweineschinken zum Vorschein und in einem weichen Kopfkissen versteckten sich 45 Eier. Mein Vater hat in seinen Aufzeichnungen vermerkt: „Ich habe mich zum ersten Mal in Thüringen satt gegessen“. Auch die Hausbewohner, die nicht mehr als wir zu essen hatten, freuten sich mit uns. Ich drehte gleich wieder um, so daß die Heinsberger Flüchtlinge erstaunt und beglückt waren, mich wiederzusehen. Am nächsten Morgen verließen wir den Zufluchtsort in Richtung Westen. Onkel Lorenz auf dem Kutschbock und Tante Billa mit den Kindern unterm Zeltdach. Ich fuhr voraus und suchte ein Bauerndorf in etwa 30 km Entfernung, wo wir auch die Pferde versorgen konnten. Dann fuhr ich Onkel Lorenz meist entgegen und lotste ihn zum Ziel.

Für jeden Tag überlegten wir abends anhand der Landkarte und mit den Quartiersleuten das nächste Etappenziel. Überall fanden wir freundliche Aufnahme. So erreichten wir langsam aber sicher ohne Pannen bei Bad Godesberg den Rhein, wo wir mit der Fähre übergesetzt wurden. Hier habe ich meine Führungsrolle beendet, nicht ohne Onkel Lorenz einen Plan für die letzten Etappen zu skizzieren. Als ich dann allein an den endlosen Drahtverhauen in den Rheinwiesen als freier Mann vorbeifahren konnte, wußte ich mein Glück nicht zu fassen.

Meine erste Stelle an der einklassigen Volksschule in Gimmersdorf

Am Abend des 15. Juni 1945 schob ich mein Fahrrad vom Rhein aufsteigend in Richtung „Drachenfelser Ländchen".
Kurz vor Niederbachem begegnete mir eine Frau, die ihren Handwagen mit Spankörbchen voller Himbeeren beladen hatte. Sie hielt und schaute mich eine Weile an. Es war unschwer zu erkennen, dass ich zu den Soldaten gehörte, die jetzt schon vereinzelt aus der Gefangenschaft zurückkehrten. Sicher sah sie auch, dass ich vollkommen abgemagert und schwach auf den Beinen war. Ich sagte: „Ich bin der neue Lehrer von Gimmersdorf". Sie fuhr mit ihrem Wagen an die Seite, kam mit einem gefüllten Körbchen auf mich zu und sagte: „Herzlich willkommen". Ich hatte einen Kloß im Hals und dicke Tränen in den Augen – und sie auch. „Hoffentlich lebt mein Mann auch noch, er war zuletzt in Russland". Die Frau sah noch eine Weile belustigt zu, wie ich im Graben saß und mit meinem „Schanzzeug" (aufklappbares Essbesteck) in die duftenden Früchte fuhr.
Mit dieser seelischen und körperlichen Stärkung vergaß ich mein Elend, band das Körbchen zu meiner alten Fliegertasche auf den Gepäckständer und erreichte bald eine ebene Straße durch den Ort bis zum erneuten Anstieg nach Oberbachem.

Schulhaus der einklassigen Schule in Gimmersdorf

Mit letzter Kraft nahm ich, von der tiefstehenden Abendsonne geblendet, den steilen Aufstieg nach Gimmersdorf.
Sollte das etwa das Schulhaus sein? Auf halber Höhe hinter den Fichten lag ein hohes Gebäude mit großen Fenstern und einem davor liegenden Hof. „Ja", dachte ich, „das ist nun meine Schule. Wunderbar!"
Über dem Klassenraum lag die Lehrerwohnung, und ringsherum prangte ein Baumgarten voller Äpfel und Birnen. Ich stellte mein Fahrrad an den Zaun. Die Fensterscheiben waren zersplittert, die Türen verschlossen. Ein gewaltiger Kirschbaum hing voll gelb-roter Früchte. „Da bin ich ja rechtzeitig gekommen", dachte ich und kostete. „Soll das wirklich wahr sein? Ist das wirklich meine neue Schule?"
Ich hatte keinen Zweifel daran, denn wohin sollte ich sonst gehen?
Mein Heimatdorf im Kreis Düren war zerstört und verlassen, meine Familie evakuiert in Steinach im Thüringer Wald! Ich war allein, und hier gefiel es mir auf den ersten Blick.

Vorstellung beim Bürgermeister Johann Baptist Auen

Ich stieg die Dorfstraße hinauf und traf einen jungen Mann, der später ein guter Freund werden sollte. Er hörte mir aufmerksam zu und gestikulierte mit den Armen. Er war taubstumm, hatte aber mein Anliegen verstanden und führte mich durch das Hoftor in den Innenhof eines hübschen Bauernhauses, auf der einen Seite stand das Wohnhaus, auf der anderen die Ställe und hinten die Scheune. Aus dem Wohnhaus drangen viele Stimmen. Das kleine Fenster neben der Tür stand offen, und mein Blick fiel auf eine große Schüssel mit Stachel- und Johannisbeeren. Ich trat durch die Tür und sagte: „Guten Abend und guten Appetit!" Das lebhafte Gespräch verstummte im Augenblick. „Ich komme aus der Kriegsgefangenschaft und bin der neue Lehrer von Gimmersdorf". Der alte Herr Auen stand auf und begrüßte mich freundlich. Man rückte zusammen, und ich war herzlich eingeladen mitzuessen. Es gab dicke Bohnen mit Salzkartoffeln und Speck. Ich war sehr dankbar und fröhlich.

Antrittsbesuch beim Schulrat in Bonn

Am anderen Morgen (im „Gasthaus zum goldenen Apfel" hatte ich ein Zimmer gemietet und gut gefrühstückt) traf ich mich mit Bürgermeister Auen frühzeitig am Schulhaus, und er erzählte mir von den Bomben, die unweit des Schulhauses in die nassen Wiesen gefallen waren und, Gott sei Dank, nur die Fensterscheiben zerstört hatten. Aber auch sonst waren das Klassenzimmer und die Wohnräume arg mitgenommen durch Einquartierung von Soldaten und Westwallarbeitern. Am Nachmittag fuhr ich mit dem Fahrrad zum Schulrat nach Bonn. Er begrüßte mich sehr freundlich, erkannte wahrscheinlich aber auch meinen erbärmlichen Gesundheitszustand und bot mir eine „leichtere" Aufgabe an. „Sie müssen sich langsam einarbeiten und beginnen besser als Klassenlehrer in Godesberg". Da muss ich von meinem Platz aufgestanden sein: „Mein Vater war Lehrer an einer einklassigen Schule, mein Großvater war Lehrer an einer einklassigen Schule (das vom Großvater war geschwindelt – aber jetzt ging es um alles). Ich bin in einer einklassigen Schule geboren. Ich beginne nirgendwo auf der Welt, es sei denn in der einklassigen Schule in Gimmersdorf".
Es entstand eine lange Pause. Dann lächelte der Herr Ministerialrat Antz freundlich und entließ mich mit Gottes Segen. Auf dem Heimweg erinnerte ich mich an einen Spruch meines Vaters:

> Der Minister erlässt.
> Der Regierungspräsident verfügt.
> Der Schulrat ordnet an.
> Und der Lehrer tut, was er will.

Erste Fahrt in mein Heimatdorf Stockheim

Da ich nun sicher war, die mir 1943 zugewiesene und seitdem verwaiste Stelle auch zu bekommen, setzte ich mich aufs Fahrrad und fuhr über Meckenheim, Rheinbach, Euskirchen, Zülpich in Richtung Düren bis nach Stockheim. Vom 3 km entfernten Soller blickte ich in die Ebene und suchte den Kirchturm unseres Dorfes. Er war nicht mehr da, wo er hingehörte, und sehr beunruhigt trat ich in die Pedale, auf alles gefasst, was ich vorfinden würde. Kein Mensch auf der Straße, zerschossene Häuser rechts und links. Von weitem sah ich das große Schulgebäude und fuhr sofort auf den Schulhof. Das Haus stand, Fenster und Türen waren zerstört. Ich betrat zuerst einen Klassenraum. Die Bänke standen aufeinandergetürmt an der Rückwand, Gerümpel, Möbel, Matratzen versperrten mir den Weg; hinten auf einem Müllhaufen lag das

„Eingeweide“ unseres Klaviers, wie es schien, völlig unversehrt. Ich kletterte über den Unrat und hielt die Stange mit den Klavierhämmern in der Hand und suchte vergebens nach dem Klavier.
In dem zweiten Klassenraum sah es nicht anders aus. Dann stieg ich die 22 mir bekannten Treppenstufen hoch zu unserer Wohnung. Durch den Krieg waren mir Anblicke zerstörter Häuser und Innenräume nicht fremd. Aber jetzt traf es mich doch sehr hart, und ich war froh, dass meiner Mutter dieser Anblick erspart blieb. Ich stellte das Sofa auf die Beine und setzte mich hin und schloss die Augen.
„Bist du es, Carl?“ rief eine Männerstimme von unten. Es war der Gärtner Spinat, der mich gesehen hatte. Er kam zu mir herauf, setzte sich auf das Sofa und hörte nicht auf zu fragen und zu erzählen.
Was war geschehen?
Am 16.November 1944 wurden die Dörfer westlich von Düren von Bombenangriffen heimgesucht. Bis nach Stockheim hörte man den ganzen Tag heftige Bombeneinschläge, und die Dorfbewohner ahnten nichts Gutes.
Nachmittags zwischen 3 und 4 Uhr schlug die Todesstunde für die 8 km entfernte Kreisstadt Düren. Mein Vater, der damals 56 Jahre alt war, ging gerade hinter dem Pflug, der von zwei Ochsen gezogen wurde (die Schule war wegen Einquartierung schon lange geschlossen). Die Erde erbebte, und mit ungeheuerem Lärm fielen Feuer- und unzählige Sprengbomben vom Himmel. Ein anhaltendes Krachen und Bersten erfüllte die Luft, und eine schwarze

Erster Kriegsheimkehrer in meinem Heimatdorf Stockheim bei Düren (Walter Cüppers)

Aussicht vom Schulhaus auf Stockheim. Zeichnung meines Vaters.

Rauchwolke bedeckte die Hälfte des Himmels. Ich hatte alle Einzelheiten darüber von meinem Vater selbst gehört, da ich ihn und den Rest der Familie nach meiner Entlassung vom Militärdienst in Steinach in Thüringen, wo sie seit der Evakuierung lebten, besucht hatte.

Mein Vater lief vom Felde sogleich in Richtung Düren in großer Sorge um das Schicksal seiner lieben Tochter Thea, die mitten in der Stadt dienstverpflichtet war. Es gelang ihm bis in die Dunkelheit nicht, in das Zentrum der brennenden Stadt vorzudringen. An den beiden folgenden Tagen versuchten Soldaten, die in der Schule stationiert waren, vergebens, bis zur Annakirche vorzudringen. Erst am 19.November gelang es meinem Vater, sich einen Weg in die immer noch brennende Stadt zu bahnen. Er fand die Stelle, wo die Annakirche mit ihrem riesigen Turm gestanden haben musste. Nur Mauerreste der Sakristei mit einem Türmchen waren übriggeblieben.

Hinter den Bergen von Schutt und glimmender Asche musste das schöne alte Gasthaus „Der Altdeutsche" gestanden haben. Er kletterte über Berge von Steinblöcken, Mauerresten und tiefe Trichtern, rief auf halber Höhe mit lauter Stimme den Namen seiner Tochter

Neue Siedlung in Stockheim. Zeichnung meines Vaters.

Schulhaus der zweiklassigen Schule in Stockheim. Zeichnung meines Vaters.

und wusste, dass aus den heißen Kellerlöchern keine Antwort mehr kommen konnte. Es fehlte ihm die Kraft, ein zweites Mal zu rufen. Er fand sein Fahrrad wieder, das er am Stadtrand in einem Trümmerloch versteckt hatte und fuhr traurig nach Hause.....

Herr Spinat saß damals noch lange bei mir und erzählte von vielen Einzelschicksalen der Menschen aus Stockheim, und wie unsere Familie dann am 25. November mit Hilfe eines Militärfahrzeuges den Ort vor der herannahenden Front verlassen musste: Vater, Mutter und die Kinder Paul, Hedi und Hildegard. Ein paar Tage später verließen die letzten Bewohner nach einem Bombenangriff das zerstörte Dorf. Nach vielen Stationen landeten die Stockheimer Flüchtlinge schließlich mit ihrem Handgepäck am 7. Dezember in einem Sammellager in Siegburg. Von dort brachte sie ein Zugtransport bis nach Steinach in Thüringen, wohin ich mich nach Auflösung meiner Luftwaffeneinheit von Parchim in Mecklenburg aus mit dem Fahrrad durchgeschlagen hatte. Es war ein fröhliches Wiedersehen mit Eltern, Geschwistern, vor allem mit meinem Bruder Walter, der nach seiner Verwundung in Frankreich auch den Weg nach Thüringen gefunden hatte.

So saß ich nun mit Herrn Spinat und versuchte, alles zu verkraften. Dann holte ich einen Plan aus der Tasche, auf

Bienenhaus in Stockheim. Zeichnung meines Vaters.

dem Vater die Stelle im Garten eingezeichnet hatte, wo noch wertvolle Gegenstände vergraben sein sollten. Es war nicht so einfach, diese Stelle zu finden. Wo das Bienenhaus gestanden hatte, war ein tiefer Trichter. Wir fanden mit dem letzten Tageslicht einen unversehrten hölzernen Bienenkasten mit zwölf Flaschen Wein. Das war Grund genug, für heute den Tag mit einem guten Schluck zu beenden. Am andern Tag fand ich unversehrtes Porzellan und Küchengeräte. Den ganzen Tag über trug ich alles zusammen, was noch brauchbar war und verstaute es in unserer ehemaligen Küche, die ich danach gut verbarrikadierte.

Bei einem Dorfspaziergang traf ich alte Bekannte, die ebenfalls in ihren Trümmern mit Aufräumarbeiten beschäftigt waren. Unser Nachbar, der Bauer Peter Thuir, versprach mir, meine geretteten Habseligkeiten mit dem Trecker nach Gimmersdorf zu fahren. Er lud mich ein zum Essen und Schlafen, und am andern Morgen wollte ich mich wieder auf mein Fahrrad setzen, doch da hatte mir jemand das schöne Rad gestohlen und ein altes, schlechtes an seine Stelle gestellt.

Bauernhaus in Stockheim

Das war ein harter Schlag für mich. Das neue alte Rad hat mir viele Probleme bereitet und mich doch schließlich bis Gimmersdorf zurückgebracht.

Aufbauarbeiten in der neuen Schule

Als die Gimmersdorfer am darauffolgenden Sonntag aus dem Hochamt kamen, erblickten sie auf dem Schulhof einen Haufen „Sperrmüll“: von Bombensplittern zerfetzte Möbelstücke, ein Dutzend Matratzen, ein Klavier, ein halbes Bücherregel, zerbrochene Stühle, Bilderrahmen, eine noch funktionierende Waschmaschine und andere Küchengeräte – die Habseligkeiten des neuen Lehrers.

Abends schrieb ich einen langen Brief und erzählte von meinen Aufbauarbeiten im Schulhaus. Sieben Wohnräume würden bald zur Aufnahme der ganzen Familie zur Verfügung stehen. Aber es

Fernblick in die Kölner Bucht

Altes Bauernhaus in Stockheim

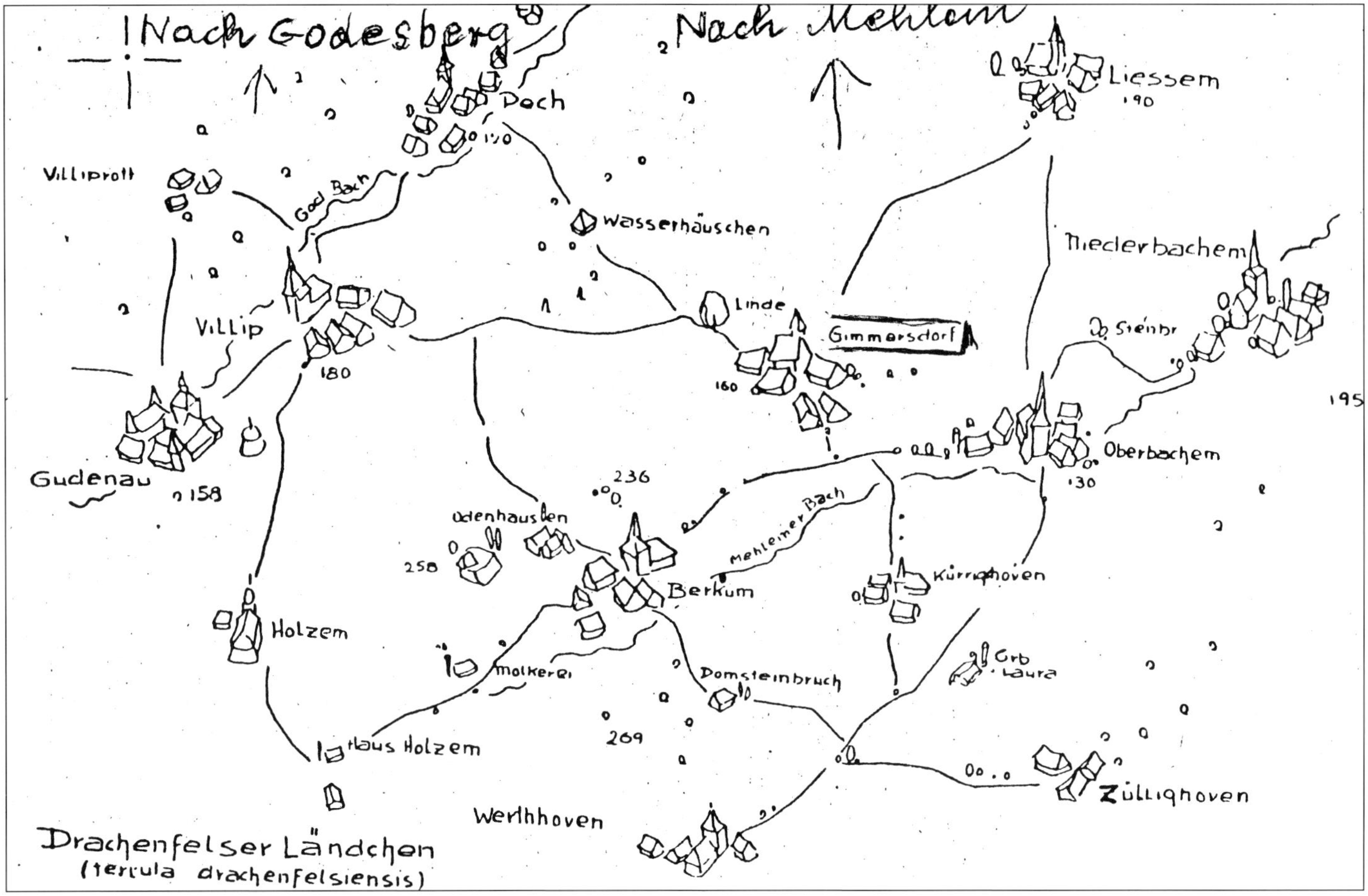

Wandbild des Drachenfelser Ländchens in der Schule von Berkum von Walter Cüppers

ging alles viel langsamer, als ich mir das vorgestellt hatte. Ich fuhr nach Adendorf und überredete mit Erfolg die beiden Dachdeckerbrüder, mir zu helfen.

Am Dorf war der Krieg spurlos vorübergegangen, nur das Schulhaus hatte sehr viel gelitten. Erst waren SS-Soldaten einquartiert, dann fielen im Herbst 1944 mehrere Sprengbomben etwa 80 m vom Schulhaus entfernt, wodurch das Dach teilweise zerstört, alle Scheiben zersplittert, Türen aus den Angeln gerissen und erheblich beschädigt wurden.

In allen Zimmern waren Decken und Wände arg beschädigt, es regnete überall durch. Die Wände steckten voller Nägel. Im Treppenhaus war die durchnässte Decke heruntergefallen. Die Elektroanlagen funktionierten nicht. Auch der Klassenraum war verwüstet: keine Tür, keine Fensterscheiben, kein Ofen, ein zerschlagenes Pult, ein Tafelgestell und eine halbe Rechenmaschine. Es fehlte an allem: Zement, Kalk, Farbe, Nägel, Werkzeug, Fensterglas, Ofenrohren, Tapeten.

Ein Mann mit weißer Hose, zwei Eimern und einem Rucksack voll Werkzeug brachte Hilfe. Es war Herr Faßbender aus Berkum. Für ihn hatte ich je einen Sack Kalk, Sand, Lehm und Stroh besorgt. Er baute ein Gerüst und schloss das große Loch in der Decke des Treppenhauses. So kam eines nach dem andern.

Ansicht unserer Pfarrkirche in Oberbachem. Zeichnung von Walter Cüppers.

Mein Glücks- und Hoffnungsstern aber war Paul Krämer, Anstreichermeister und Tausendkünstler. Er hobelte, zimmerte, beizte, strich, tapezierte, isolierte – alles mit einfachen Mitteln.
Morgens ging ich mit den Schulkindern nach Oberbachem, wo wir bis 12 Uhr Schule hielten. Nachmittags war ich Handlanger von Herrn Krämer. Manchmal mußte ich ihn allein lassen. Dann fuhr ich z.B. mit dem Handwagen nach Godesberg und holte Glasscheiben, die Herr Spinat (ein Bruder des Stockheimer Spinat) in seinem Antiquariat für mich aufbewahrt hatte. Oder ich mußte Christinchen (der freundlichen Schulreinigungsfrau) die Waschmaschine drehen oder mit ihr Pflaumenmus kochen.
Im Schulgarten standen 12 Obstbäume. Die Apfel- und Birnbäume konnten ihre Last kaum tragen. Die Gemeinde hatte den Garten an den Schneidermeister Schmitz verpachtet, den ich bald kennen

Burg Odenhausen von Walter Cüppers

Kapelle in Gimmersdorf

Altes Kreuz an der Berkumer Kirche.
Zeichnung von Walter Cüppers.

Burg Gudenau im Ländchen.
Zeichnung von Walter Cüppers.

Einklassige Schule in Gimmersdorf (zwei Klassenfotos)

lernte. Er war ein kleiner spindeldünner Herr, mit dem ich mich gern unterhielt. Er war sehr humorvoll und sagte mir gleich: „Ich bin 20 Jahre an der Universität in Bonn vorbeigegangen“. Er hatte beim „Hosenkönig“ gearbeitet und musste täglich zweimal vorbei. Er erlaubte mir gern mitzuernten, und ich lernte von Christinchen, wie man Apfelringe für den Winter haltbar macht. Auf dem Speicher spannte ich Kordeln zum Trocknen.
Manchmal musste ich auch zur Junglehrerarbeitsgemeinschaft, die von Herrn Rektor Pfahl geleitet wurde. Er hielt regelrechte Vorlesungen z.B. über „Das Vorstellungsleben, das Empfinden, Vorstellen und Denken“. Später habe ich im Handbuch der Pädagogik von Heilmann, Dürrsche Buchhandlung, Leipzig 1906, alles wiedergefunden. Bei jeder Zusammenkunft wurde von den Teilnehmern abwechselnd eine Lehrprobe vorgeführt.

In Berkum nahm ich an einer Versammlung teil, die 2000 Flüchtlinge aus Oberschlesien auf die Ländchenorte zu verteilen hatte. Die Dorfpfarrer wurden gebeten, die Herzen der Gläubigen für diese notwendige Hilfsaktion zu erwärmen. Die Gemeinde lagerte schon 250 Zentner Kartoffeln für eine Gemeinschaftsküche ein. Jede Familie musste zwei Wäschegarnituren und Oberbekleidung abgeben.
Mit Hilfe des Schreinermeisters Hüllen aus Niederbachem war es gelungen, die Fenster des Klassenraumes vollständig zu verglasen. Täglich kamen Leute aus dem Ruhrgebiet, die für Nahrungsmittel, Obst und Gemüse weite Reisen unternahmen. Sie hatten meine vielen Matratzen im Schulflur gesehen und fragten, ob sie im leeren Schulsaal übernachten könnten. Ich überlegte nicht lange, und bald hatte ich jede Nacht meine Matratzen belegt. Die „Hamsterer“ waren dankbar und revanchierten sich mit allerlei wichtigen Utensilien, mit Hammer und Nägeln, Farbe und Pinsel, mit einem Vorhängeschloss und einer Schüssel.
Inzwischen hatte ich viele Leute kennen gelernt. In den Elternhäusern machte ich Besuche und lernte die Umgebung der Kinder kennen. Dabei wurde ich oft reich bewirtet, und die Leute schenkten mir fehlende Einrichtungsgegenstände. Es trafen täglich Soldaten aus der Gefangenschaft ein. Sie begrüßten mich als Kameraden. Ich trug immer noch einen etwas umgearbeiteten Soldatenrock. Bei Heinrich Oehl mußte ich den selbstgemachten Knollibrandy probieren. Bei ihm war eine Feldküche stehen geblieben, die er bald in eine kleine Brennerei umgebaut hatte. So kam es, dass viele Väter ganz selbstverständlich mich mit Du anredeten. Wir waren Kriegskameraden. Ich wurde auch häufig gefragt, ob ich einen Gesangverein leiten könnte, ob ich mit ihnen wieder Theaterstücke aufführen wollte. Aber vorläufig war noch nicht daran zu denken. Außerdem fehlten noch viele Soldaten, die von ihren Familien erwartet wurden.
In Niederbachem gab es eine Schuhmacherei Velten. Meine Sandalen mussten geflickt werden. Der alte Schuhmachermeister schaute mich an und sagte: „Jung, häste o c h e Jlasog?“ Ich musste ihm die Geschichte erzählen. Er hatte im ersten Weltkrieg ein Auge verloren. Er flickte meine Sandalen und schenkte mir ein Paar hohe braune, gut erhaltene Sonntagsschuhe von feinstem Leder.
Als ich sonntags aus der Kirche kam, sprach mich der Krautkocher Luhmer aus Oberbachem an. Er war auch gerade aus der Gefangenschaft heimgekehrt. „Komm ens met enem leddige Emer vorbei!“ Am andern Tag war ich schon beizeiten da. Er stellte den Eimer unter eine große Mole, hob den Stöpsel an und in Sekundenschnelle war mein Eimer bis obenhin voll Rübenkraut.
Inzwischen waren die Arbeiten am Schulhaus fortgeschritten. Im zweiten Stock hatte ich mir ein kleines Zimmerchen bewohnbar gemacht und schlief jetzt im Schulhaus. Meine Mahlzeiten nahm ich weiterhin bei Familie Zorn im „Gasthaus zum goldenen Apfel“ ein.

Ankunft meiner Familie aus Thüringen

Meine Familie schrieb aus Thüringen, dass die amerikanische Besatzung von der russischen abgelöst wurde. Viele Flüchtlinge aus dem Rheinland versuchten nachts einen Weg über die Grenze nach Bayern zu finden. Ich schrieb ihnen, dass sie Ende September zu mir ins Schulhaus ziehen könnten. Dann richtete ich Küche, Badezimmer und sechs Zimmer bezugsfertig ein.
Als sie dann eines Abends vor der Tür standen, Vater, Mutter, Walter, Hedi, Paul und Hildegard, waren wir alle sehr glücklich. Die Schulkinder trugen die Nachricht von ihrer Ankunft durchs Dorf, und ich hätte nie gedacht, wie viel notwendige Dinge wir noch gern von den Leuten annahmen, um einen Haushalt zu führen. Sie brachten Stühle, Bettgestelle, Teller und Tassen, Kochtöpfe und Wäsche, Kartoffeln, Brot und Milch. Jetzt kam auch endlich die Zeit

für den Eimer mit Rübenkraut, das schon am ersten Abend zum goldgelben Maisbrot probiert wurde. Mittlerweile hatte Herr Krämer den Schulraum wieder restauriert. Die Wände waren ausgebessert und gestrichen. Die linke Wand hinter dem großen Ofen hatte er in eine Schultafel verwandelt. Die sechssitzigen alten Bänke, die vier Jahre lang hinter der Waschküche – etwas durch das überhängende Dach geschützt – lagerten, waren wieder gebrauchsfähig, die Toilettenanlagen – so wie sie früher waren – wieder in Benutzung. Zu den 64 Schulkindern vom ersten bis achten Schuljahr kamen zwei Schüler dazu: meine Schwestern, Hildegard (geb. 1941) ins erste Schuljahr, Hedi (geb.1933) ins achte Schuljahr. Meine kleine Schwester Hildegard ist 21 Jahre jünger als ich.

Ratlosigkeit und Hilfe

Ich hatte mir das Unterrichten in der einklassigen Schule leichter vorgestellt – abgesehen davon, dass ich schlecht genug darauf vorbereitet war. Was ich auf der Hochschule für Lehrerbildung in Dortmund 1941-1943 gelernt hatte, konnte ich nicht gebrauchen, und auch die Anregungen aus der Junglehrer-AG waren für die einklassige Schule nicht viel wert. Wie sollte ich Ruhe im Klassenraum herstellen, wenn 66 Kinder Platz genommen hatten? Es war mir klar, dass jedes Schuljahr eine eigene Alters- und Bildungsstufe darstellte und von mir dementsprechend differenziert unterrichtet werden sollte.

Meine beiden Schwestern Hildegard und Hedwig

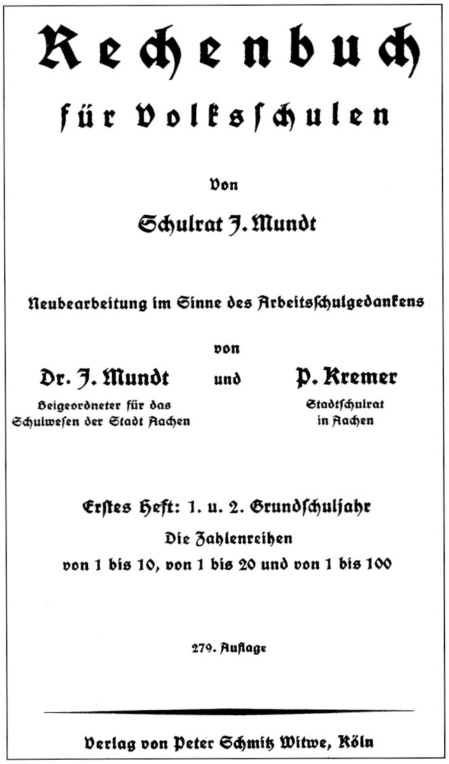

Rechenbuch

für Volksschulen

Von

Schulrat J. Mundt

Neubearbeitung im Sinne des Arbeitsschulgedankens

von

Dr. J. Mundt und **P. Kremer**

Beigeordneter für das Schulwesen der Stadt Aachen

Stadtschulrat in Aachen

Erstes Heft: 1. u. 2. Grundschuljahr

Die Zahlenreihen

von 1 bis 10, von 1 bis 20 und von 1 bis 100

279. Auflage

Verlag von Peter Schmitz Witwe, Köln

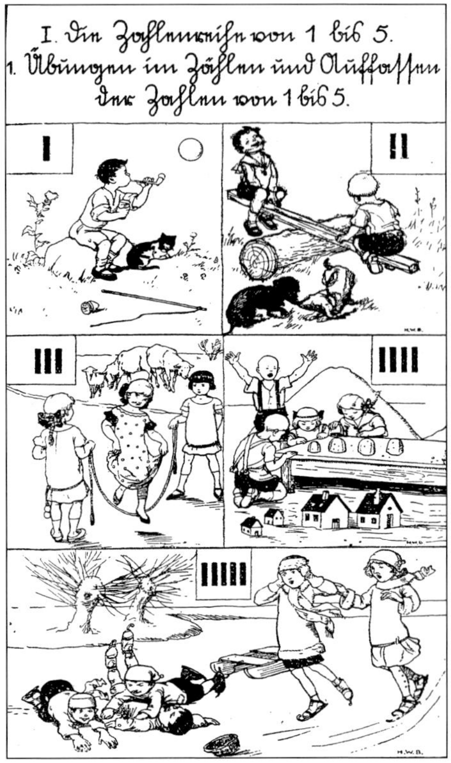

Rechenbücher für erstes und zweites Schuljahr

Rechenbücher für die Grundschule

Neue Fibeln für erstes Schuljahr

Ich hatte keinen Stoffplan. Da machte ich dann notgedrungen einen Spaziergang zum Haselnussstrauch und zeigte den Kindern die männlichen und weiblichen Blüten auf einem Strauch. Es war nicht einfach, die Schüler alle zusammenzuhalten. Wieder im Klassenzimmer lernten wir das Frühlingslied: „Jetzt fängt das schöne Frühjahr an". Ich besuchte meinen Kollegen im Nachbardorf, und er versuchte mit allen Mitteln, mir Mut zu machen. Ich werde nie vergessen, dass er sagte: „Lieber Herr Kollege, spätestens um viertel nach acht müssen sie den ersten verdroschen haben, dann haben sie Ruhe für den ganzen Tag".

Durch eine beginnende Freundschaft mit der Junglehrerin Margret Reifferscheid aus Pech, die mit mir die Junglehrer-AG besuchte, lernte ich die Lehrerfamilie Reifferscheid kennen. Der Vater führte eine vorbildliche Einklassenschule in Pech. Da durfte ich hospitieren und erbte von ihm viele Bücher und Lehrmittel. Dazu erhielt ich Hilfe von meinem Vater, bei dem ich ja in die Schule gegangen war, und der jetzt mein ständiger Berater wurde. Er half mir, die Heimatkunde des Dorfes Gimmersdorf zu erforschen, die ich zum Ausgangspunkt für Lesen, Schreiben und Rechnen und für alle anderen Unterrichtsfächer machte. So wurde ich immer mehr von vielen Unsicherheiten und Ängsten frei und allmählich selbständiger.
Es gab ja weder Bücher für den Lehrer, noch für die Kinder. Der alte „Schmeil" wurde in drei Bänden gedruckt und an die Schulen verteilt. Im ersten Schuljahr hatte ich zehn Mädchen und einen Jungen. Ich schrieb für alle Fibelblätter, die Bruder Walter mit Bildern ausschmückte. 1949 kauften wir beim Verlag Schwann die Fibel „Mein erstes Lesebuch" von Peter van Helden mit Bildern von Julia Suwelack. Dann erschienen 1951 die „Sonnenfibel" von Dr. Maria Koch mit Bildern von Else Wenz Vietor und bald darauf eine dritte, ebenfalls von Schwann in Düsseldorf: „Ährenfibel", eine Ganzheitsfibel von Josef Bey, bebildert von Johannes Grüger. Auch die ersten Rechenbücher – auf sehr schlechtem Papier gedruckt – erschienen im Verlag Schwann: „Die Zahl im Leben". Ich meldete mich zur Zweiten Prüfung und bekam als Thema für die schriftliche Hausarbeit: „Das Dorf Gimmersdorf als Ausgangspunkt und Ziel meiner Unterrichts- und Erziehungsarbeit an der einklassigen Schule".

Bei der mündlichen Prüfung versuchte ich zu zeigen, wie ich an einem Stoffgebiet (Wie der Winter den Frühling verkündet) mit fünf Abteilungen im Wechsel mündlich und schriftlich arbeitete. Schulrat Steinhauer und Professor Esterhues wurden erst nach einem guten Abendessen beim Bauern Willems nach Bonn zurückgebracht vom Milchhändler Toni Giersberg, der als einziger ein Auto hatte. Sicher hat das alles auch dazu beigetragen, dass ich „mit Auszeichnung" bestand.

Neugründung des Männerchores

Die sangesfreudigen Männer des Dorfes versammelten sich in der Wirtschaft Kahlenborn und wählten den Lehrer zu ihrem Dirigenten. Die Proben sollten abwechselnd in den Gasthäusern Zorn und Kahlenborn samstags um 8 Uhr stattfinden. Es war eine richtige Versammlung mit Wahl des Vorstandes, des Stellvertreters, des Archivars, des Kassierers und zwei Kassenprüfern. Bei der Durchsicht der Noten entdeckte ich die heimatverbundenen Liedsätze, die mir vom Gesangverein Stockheim noch bekannt waren. Wir sangen sofort: „Wie's daheim war, find's du's nimmermehr, wandre nur auf Erden hin und her" ...und „Heimat, süße Heimat". Die Tenore waren dünn besetzt, der erste Bass zu stark.

Ich hatte auf der Hochschule moderne Liedsätze von Prof. Heer kennen gelernt und hätte lieber einen gemischten Chor gehabt, aber die Männer wollten am Samstagabend nach einer arbeitsreichen Woche auf den Feldern und im Stall unter sich sein. Es ging überhaupt mehr um Geselligkeit. Manchmal wurde auf dem Heimweg lauter gesungen als beim Proben. Und doch, wir zogen auf die Sängerfeste nach Mehlem, Fritzdorf, Birresdorf, Berkum, Villip und Oedingen und waren selbst mit unseren Darbietungen zufrieden. In den Festzügen durchs Dorf erhielten wir häufig Preise für „stramme Haltung". Ich erinnere mich, dass wir in Oedingen drei Pflaumenkuchen als Preis errangen.

Der Henker von Jütland oder der Wildschütz

Anstreichermeister Krämer, mein Helfer bei allen Problemen mit der Renovierung der Schule, nutzte häufig die Gelegenheit, mit mir über eine Fortsetzung der Aufführung von Theaterstücken zu sprechen. Da hatte der Männerchor eine lange Tradition. Am ersten Weihnachtstag war immer die Generalprobe und am zweiten abends die erste Vorstellung. Er erzählte noch, dass auf dem Speicher über der Bühne in Zorns Saal noch 14 selbstgezimmerte Särge lagerten, die für eine erneute Einübung des Stückes „Der Henker von Jütland" sofort verfügbar wären. Es sei immer üblich gewesen, nach dem ersten Hauptstück ein kleineres Luststück aufzuführen. Das kam mir alles sehr bekannt vor, denn in meinem Heimatdorf Stockheim hatte ich als Jugendlicher in solchen Stücken mitgewirkt.

Ich konnte Herrn Krämer nicht enttäuschen, und er verstand es, mir Zugeständnisse abzuringen. Wir spielten aber nicht das Stück mit den vielen Särgen, sondern „Der Wildschütz" und als lustigen Abschluss „Papa kocht". Herr Schmitz, der allgemein „der ahle Bur" genannt wurde, spielte die Hauptrolle. Im Oktober schon begannen die ersten Leseproben, und es lief gut, bis man im Dorf erzählte: „Der ahle Bur hat de Roll hinjeworpe!" Ich erfuhr vom Vorsitzenden, dass er so früher schon gehandelt hatte, meist erst kurz vor der Aufführung. Aber man war zuversichtlich, dass er die Rolle wieder annehmen würde. Also zog der Vorstand nach Feierabend zu ihm ins Haus, um mit ihm die Lage zu besprechen. Als wir nach drei Stunden sein Haus verließen, war alles wieder im Lot, und die Bühnenproben konnten jetzt wieder beginnen. Am Stephanstag war der Saal bis zum letzten Platz gefüllt. Alle waren gespannt, wie sich die bekannten Schauspieler präsentierten.
„Licht aus!" brüllte eine Stimme hinter dem Vorhang. Unten im Saal drehte einer im Lichtkasten die Sicherungen nacheinander aus. Aber immer brannte noch eine Lampe, dann drei, dann wieder alle, dann wieder eine, und schließlich war es dunkel.

Das hatte die Zuschauer schon sehr erheitert. Dann wurde es still, und der Vorhang hob sich. Herr Krämer hatte ein ganz neues Bühnenbild gemalt: eine Waldszene mit drei Kulissen an jeder Seite. Die Beleuchtung sorgte für helle Sonnenstrahlen, die durch das Blätterdach auf einen freien Platz schienen. Die Dramatik stieg bis zu einem Schuss aus dem Gewehr des Wildschützen, und der Förster fiel etwas zu spät in das Gras. Das sorgte auch in dieser ernsten Situation für allgemeine Erheiterung.
Der Hund von Zorns Finchen, der nicht vorgesehen war, lief zufällig über die Bühne und brachte die Dialoge arg durcheinander. Aber es blieb heiter bis zum Schluss, und der Applaus wurde mit Händen und Füßen reichlich gespendet. Alle Schauspieler erschienen dann noch einmal als „lebendes Bild" mit Feuerwerksbeleuchtung. Dann fiel der Vorhang, und die Leute standen auf und klatschten.

Insgesamt achtmal hatte ich eine solche Aufführung mitgestaltet und neben der Mühe auch viel Spaß daran gehabt. In den ersten Jahren spielten wir noch: „Die Bettlerin am Weihnachtsabend", „Der Glockenguss zu Breslau" und andere romantische Titel – auch mit Gesang. Dann bildete sich eine „Spielschar" mit jungen Leuten, die ich für moderne Stücke gewinnen konnte. Das war für mich viel befriedigender, aber die Leute schwärmten immer noch von den herzzerreißenden Szenen im „Henker von Jütland" und von der „Bettlerin am Weihnachtsabend", die sich als das eigene Kind zu erkennen gab.

Heimatkunde

Bei den Wanderungen mit meinem Vater entdeckten wir die Schönheit und Fruchtbarkeit unserer neuen Heimat und überlegten zusammen, was und wie man alles im Unterricht einsetzen konnte: die Flurnamen, die Wegkreuze, Kirchen und Kapellen, die Inschriften auf den Fachwerkhäusern, Chronogramme, Feldfrüchte, Obstbäume und Beerensträucher, Waldwirtschaft, Pflanzen in Feld und Wald, Flora des Rodderberges. Mittendrin in der begonnenen Zusammenarbeit erhielt mein Vater nach seiner Entnazifizierung (Mitglied der NSLB und Kreisbeauftragter für Naturschutz) den Auftrag, seine Tätigkeit als Hauptlehrer in Stockheim fortzusetzen. Es war ein schwerer Abschied von meinen Eltern. Auch die Mutter Agnes hatte sich gut eingelebt und kannte viele Leute im Dorf. Sie weinte bittere Tränen. Meine beiden Schwestern, die zugleich meine Schulkinder waren, hatten ihre Spielgefährten im Dorf, und ich hoffte, dass sie sich auch bei mir in der Schule wohlgefühlt hatten. Der jüngere Bruder Paul hatte von Gimmersdorf aus die Gartenbauschule in Bad Godesberg absolviert und war jetzt Baumschulist in Meckenheim. Walter war über die Grenzen des Dorfes bekannt als Portraitmaler.
Er saß oben in seinem Stübchen und malte. In vielen Häusern hängen seine Bilder. Für die Lindenfestschrift schuf er viele Federzeichungen.
Jetzt war ich plötzlich allein, allein mit meinen 67 Schulkindern (30 Knaben und 37 Mädchen), davon waren 59 katholisch und 8 evangelisch, 13 Bauernkinder, 52 aus Arbeiterfamilien, 19 Flüchtlingskinder und 14 davon im

ersten Schuljahr, allein in dem großen Schulhaus und in dem großen Garten. Zu meinem Glück war ich doch nicht ganz allein. Ich hatte schon einen Trampelpfad durch die „Kningshütt" bis zum Pecher Schulhaus getreten, wo ich mir Trost bei Margretchen Reifferscheid suchte.

Brautunterricht und andere liebevolle Erfahrungen

Es begann für mich ein neuer und schöner Lebensabschnitt. Die Leute im Dorf hatten es schon weitergesagt, und die Sänger machten versteckte Bemerkungen. Willems Hein wollte schon die Erbsen aus dem Zylinder schütten, als er hörte, dass wir heiraten wollten. Er ließ es sich nicht nehmen, seine beiden Pferde anzuspannen und uns zum Brautunterricht nach Villip zu fahren. Er wartete vor dem Pfarrhaus und erzählte den Fragenden, dass er den Lehrer gebracht habe mit Reifferscheids Margretchen. Er sagte: „Es war die höchste Zeit!"
So kam denn am 1. September 1947 der Tag der standesamtlichen Trauung in Berkum. (Erst danach konnte man den Antrag auf einen Bezugsschein für einen Herd stellen). Herr Schnakenberg aus Godesberg fuhr uns mit seinem Auto mit Holzvergaserantrieb zum Bürgermeisteramt. Am 30. September haben wir in der Pecher Kapelle den Segen der Kirche erhalten und im Anschluss daran

Unser Hochzeitsbild am 30. 09. 1947

kräftig gefeiert. Schon der Polterabend in der Pecher Schule war sehr anstrengend. Aber wir hatten gut vorgesorgt. Heinrich Oehl hatte für uns 12 Flaschen feinsten und veredelten Knollibrandy bereitgestellt, auch gab es Wein vom Winzerverein aus Dernau. Die junge Braut hatte anderhalb Zentner Bucheckern gesammelt (für 12 Pfund gab es einen Liter Öl, für sechs Pfund ein Pfund Margarine), und Willems Heim stiftete einen Zentner Weizen, den der Bräutigam aber selbst beuteln musste.

Kahlenborns Matthes war für mich ein wichtiger Mann. Er winkte schon von weitem, wenn wir uns sahen und hatte immer Zeit zum Plaudern. Sein Ochse wartete geduldig. So konnte es passieren, dass er mit der Feldarbeit oft etwas zurücklag im Vergleich mit den andern Bauern. Einmal hatte er den Weizen erst am 27.Januar gesät. Er nannte ihn „Kaiser-Wilhelm-Weizen". Später verkündete er stolz, dass er sieben Doppelzentner pro Morgen geerntet habe.
Seine Geschichten von „Manz Franz und Kreuels Tünn", mit denen er im Kriege in Pizza Dolno in Rumänien kämpfte, sind mir lebhaft im Gedächtnis.

Matthes lebte mit seiner Schwester und ihrem Mann, dem ahlen Bedorf, zusammen. Sie hatten die Gastwirtschaft „Bei Kahlenborns Matthes" und eine kleine Landwirtschaft. Hier probte auch der Gesangverein „Frohsinn" am Samstagabend. Beim Matthes war alles sehr einfach. In der Gaststube, die durch eine kleine Theke in zwei Hälften geteilt war, standen einige Küchentische mit Stühlen, und in der hinteren Ecke saß der alte Herr Bedorf in einem geflochtenen Sessel. Er rauchte die Pfeife, oder er kaute an einem kleinen Hölzchen, an dem immer ein Tropfen hing. Er beteiligte sich nicht an der Bedienung der Gäste; das machten seine Frau Traut und ihr Bruder Matthes. Abends verabschiedete er sich schon früh, nicht ohne vorher eine gestopfte Pfeife griffbereit auf der über dem Sessel befindlichen Fensterbank zu deponieren. „Damit ich morjens kene Openhalt han", erklärte er mir, denn direkt nach einer „Schepp Wasser" konnte er dann sofort zur Pfeife greifen.

„Herr Lehrer, Ihr seht schläch us. Ihr hat secher Honger", sagte Frau Bedorf oft, wenn ich die Gaststätte betrat. Dann holte sie eine Büchse aus dem Schrank, fuhr mit einem Löffel hinein – mehrmals hinein – und jedesmal entstand ein Wurstkringel, den sie dann auf einer dicken Brotschnitte verschmierte. Das schmeckte!

Später, als ich schon verheiratet war, schenkte sie mir oft eine Tasse voll Milchrahm für meine Frau. Zweimal im Jahr wurde ich mit meiner Frau zum Namenstagskaffee eingeladen, zu Nikolaus und Gertrud. Immer aßen wir dann das Gleiche: zuerst Kirschtorte (Boden mit süßen Kirschen – angewärmt), dann Bratkartoffeln mit „Komkommere" (Gurken) und Hackbällchen. Auch das schmeckte unvergesslich gut.

Matthes verkaufte in der Wirtschaft auch Bier zum Mitnehmen. Eines Abends brachte ich zwei leere Flaschen zurück und kaufte zwei neue. Ich bezahlte und zog für jede Flasche zehn Pfennig Pfand ab. „Nein", sagte Matthes, „Sie nehmen ja auch wieder zwei Flaschen mit". Ich machte ein ungläubiges Gesicht, und er erklärte mir: „Wenn Sie die Flaschen ausgetrunken haben, gehören ihnen wieder zwei leere Flaschen, die Sie dann zurückbringen können gegen zwei neue Flaschen". Ja, das leuchtete mir ein, weil er es plausibel darstellte. Als ich es meiner Frau erzählte, lachte sie mich aus, und wir amüsierten uns beide darüber, dass ich seine Argumente akzeptiert hatte. Beim nächsten Umtausch wollte ich ihm schon Gegenargumente liefern. Aber es gelang mir nicht, und ich habe weiterhin auf das Flaschenpfand verzichtet, weil ich mich genierte, es noch mal zu erklären. Das tut mir bis heute nicht leid, denn Matthes hatte ein gutes Herz. Als wir zum Lindenfest 1949 ein Kriegerdenkmal bauten, stiftete er z.B. dafür das benötigte Grundstück. Er zeigte uns allen ein Stück Eisen aus dem ersten Weltkrieg, das man ihm aus der Leiste herausoperiert hatte. Er kränkelte danach und ahnte, dass er sterben sollte. „Ich hänge de Been erus!" rief er mir zu. Das war seine Verabschiedung.

In der Schule machte die Arbeit immer mehr Freude. Zwei Monate lang musste ich neben meiner Schule die einklassige Schule in Werthhoven übernehmen, da der Kollege Hubert erkrankt war. Ich fuhr mit dem Fahrrad, trank nachher beim Bürgermeister Kaffee und wurde täglich mit einem Liter Milch belohnt.
Unsere Reichsmark (eine Zigarette kostete 5-7 RM, ein Pfund Wolle 360 RM, Bohnenkaffee 400 RM) wurde 1948 abgelöst durch die „Deutsche Mark".
Die Schule nahm regen Anteil an allen Dorf- und Kirchenfesten. Die Kinder sorgten für das Martinsfeuer, machten zu Fastnacht einen Umzug durchs Dorf mit dem „Eazebär" und luden alle Dorf-

Schulimpressionen von Wilhelm Busch

bewohner ein zum Sommerfest auf dem Schulhof. Am Elternabend im Saal führten wir kleine Theaterstückchen auf.
Ich verdiente jetzt 175 DM und bekam 20 DM Kriegsrente.

Schule sollte Lehrern und Kindern Freude machen

Ich will gerne zugeben, dass ich in der ersten Zeit meiner Lehrertätigkeit an der einklassigen Schule im Drachenfelser Ländchen mit 64 Kindern maßlos überfordert war. Der gute Ratschlag des erfahrenen „alleinstehenden Lehrers" an der Nachbarschule, spätestens um ein Viertel nach acht den ersten Störenfried zu verdreschen, war für mich nicht akzeptabel. Meinen Lehrervater und Fräulein Roggendorf, meine großen Vorbilder, habe ich nie mit einem Stock in Erinnerung. Die Eltern meiner Schüler, besonders die Väter, höre ich wie heute noch sagen: „Dropjehauen, Herr Lehrer, mir han se och jekrech, dat hät uns net jeschad!"

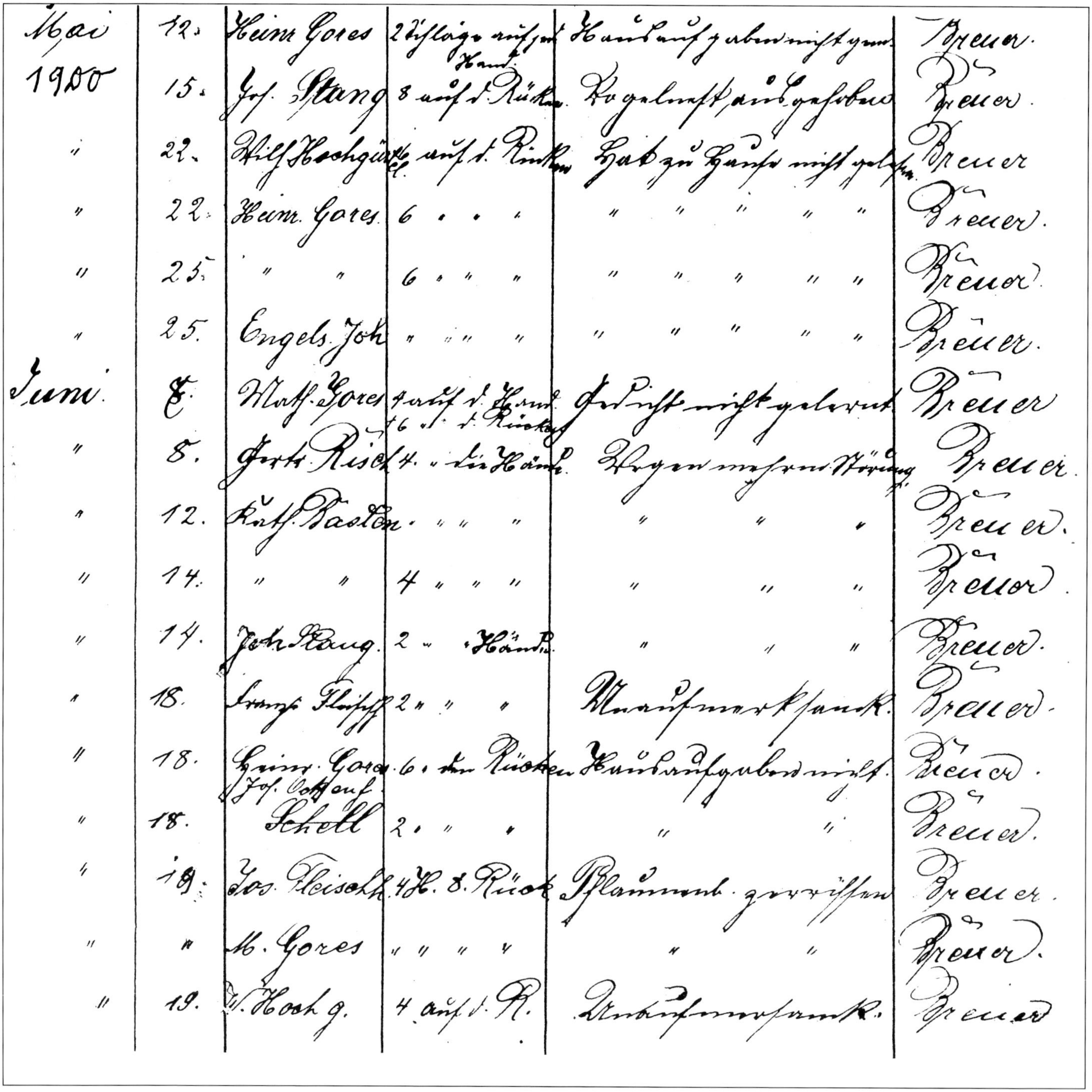

Mai 1900	12.	Heinr. Gores	2 Schläge auf d. Hand	Hausaufgaben nicht gem.	Breuer
	15.	Jos. Stang	8 auf d. Rücken	Vogelnest ausgehoben	Breuer
"	22.	Wilh. Hochgürtel	" auf d. Rücken	Hat zu Hause nicht gelernt	Breuer
"	22.	Heinr. Gores	6 " " "	" " " " "	Breuer
"	25.	" "	6 " " "	" " " " "	Breuer
"	25.	Engels Joh	" " " "	" " " " "	Breuer
Juni	8.	Math. Gores	4 auf d. Hand, 6 " d. Rücken	Schrift nicht gelernt	Breuer
"	8.	Gertr. Risch	4 " d. Hand	Wegen [illegible] Störung	Breuer
"	12.	Kath. Basten	" " "	" " "	Breuer
"	14.	" "	4 " " "	" " "	Breuer
"	14.	Joh. Stang	2 " Hand	" " "	Breuer
"	18.	Franz Fleischh.	2 " " "	Unaufmerksamkeit	Breuer
"	18.	Heinr. Gores	6 " den Rücken	Hausaufgaben nicht.	Breuer
"	18.	Jos. Ottenhof. Schell	2 " " "	" "	Breuer
"	19.	Jos. Fleischh.	4 H. 8 Rück	Pflaumen gerissen	Breuer
"	"	M. Gores	" " " "	" "	Breuer
"	19.	W. Hochg.	4 auf d. R.	Unaufmerksamkeit	Breuer

Strafbuch der Schule in Berkum

Druff hat aber diese Regel:
Prügel machen frisch und kregel
Und erweisen sich probat
Ganz besonders vor der Tat.

Auch zum heut'gen Schützenfeste
Scheint ihm dies für Franz das beste.

„Prügel vor der Tat" von Wilhelm Busch

Die Bauern hielten es für selbstverständlich, dass Kinder auch geschlagen werden müssen. Diese Aufgabe übertrugen sie gern auf den Lehrer. „Dafür wird er ja auch bezahlt." Ich schäme mich heute für jede Ohrfeige, die ich in meiner Ratlosigkeit ausgeteilt habe.
Ich fand auf dem Speicher ein altes Strafbuch, in welchem ich mit Erstaunen feststellte, wann, wie oft und warum besonders die Jungen mit dem Stock geschlagen wurden. Allein an einem Morgen, am 6.10.1901, verabreichte der Herr Lehrer 5 Jungen je zwei Schläge aufs Gesäß und einem Mädchen 2 Schläge auf den Rücken, „weil die Bleistifte nicht in Ordnung waren".
In regelmäßigen Abständen hat der Ortsschulinspektor, der Herr Pastor, durch Datum und Unterschrift davon Kenntnis genommen. Die Jungen wurden bestraft wegen Faulheit, ungebührlicher Ausdrücke, wegen Lachens in der Schule, wegen Trägheit und ungebührlichen Betragens. Sie haben geraucht, Frösche aufgeblasen, Vogelnester ausgehoben oder waren nach sechs Uhr auf der Straße angetroffen worden. Die Mädchen waren schwatzhaft, eigensinnig, unordentlich, und ein Mädchen hatte ein Löschblatt gestohlen.
Es gibt eine Anzahl von Sprichwörtern, die von vielen älteren Menschen zu allen Gelegenheiten angewendet werden: „Je lieber das Kind, desto schärfer die Rute. Was Hänschen nicht lernt, lernt Hans nimmermehr. Besser ungeboren als ungezogen sein. Ein Bäumchen biegt sich, doch der Baum nicht mehr".
Diese und andere Sprichwörter wurden im Schönschreibunterricht zwanzigmal ins Schönschreibheft geschrieben.
So kann man sich erklären, dass sie im Gedächtnis der Schüler haften geblieben sind und einen Schatz von Lebensweisheiten bildeten, die zwar auch manchmal nicht stimmen. Außerdem gibt es zum Beispiel im Alten Testament unmissverständliche Gründe dafür, dass zum Erziehen auch das Strafen gehört.
„Züchtige deinen Sohn, so wird er dich ergötzen und wird deiner Seele sanft tun".
(Altes Testament – Aus den Sprüchen Salomos).

Unterrichten durch Vorsprechen und Nachsprechen

Wenn man früher an einer Schule vorbeikam, hörte man die Schüler singen oder im Chor sprechen. Der Lehrer lehrte die Schüler durch Vorsingen, Vorlesen, Vorschreiben, Vorturnen und Vorsprechen. Das Nachsprechen durch die Kinder war für diese besonders wichtig, weil ihnen die Hochsprache unbekannt war, da sie zu Hause nur Mundart gesprochen haben. Es hatte auch den Vorteil, dass man mit Hilfe eines Schulwandbildes alle Schüler der einklassigen Schule vom ersten bis achten Schuljahr (in Gimmersdorf 71 Kinder) zusammen unterrichten konnte. Das ging dann etwa so: Der Lehrer sprach vor und zeigte dabei auf die entsprechenden Bildteile:

„Wir sehen ein Schwalbenbild.
Im Frühjahr kommen die Schwalben aus Afrika zurück.
Sofort fangen sie an, ein Nest zu bauen.
Sie finden ihr Baumaterial am Bach.
Sie nehmen ein Klümpchen Lehm in den Schnabel.
Sie vermischen ihn mit Speichel und bauen daraus ein Nest.
Das ist eine Mehlschwalbe.
Man erkennt sie an dem weißen Bauch.
Am Bach sitzen vier Mehlschwalben.
Mehlschwalben bauen ihre Nester an die Außenseite des Hauses.
Wenn das Nest fertig ist, sieht es aus wie eine Kugel.
Das ist eine andere Schwalbe.
Sie hat eine rote Stirn und einen roten Hals.

Diese Schwalbe nennt man Rauchschwalbe.
Die Rauchschwalben bauen ihr Nest im Kuhstall.
Das Nest der Rauchschwalbe sieht aus, wie eine Schüssel.
Wenn das Nest fertig ist, legt die Schwalbenmutter fünf Eier ins Nest.
In vierzehn Tagen sind die Eier ausgebrütet.
So lange sitzt die Mutter auf den Eiern.
Dann kriechen die kleinen Schwalben aus den Eierschalen.
Sie haben noch kein Federkleid.
Sie sind nackt.
Sie haben noch keine Augen.
Sie sind blind.
Aber sofort reißen sie ihre Schnäbel auf.
Sie wollen gefüttert werden.
Die Schwalbeneltern fangen Fliegen und Mücken.
Vier Wochen lang müssen sie gefüttert werden.
Dann können sie fliegen.
Sie sind flügge.

Sie winken ihren Eltern noch einmal zu und sind verschwunden.
Jetzt legt die Schwalbenmutter noch mal fünf Eier ins Nest.
Sie müssen sich beeilen.
Der Herbst steht vor der Tür.
Sie sollen noch mit nach Afrika.
Anfang Oktober sammeln sie sich über dem Rheintal.
Sie fliegen bis nach Basel.
Sie fliegen über die Alpen.
Sie fliegen über das Mittelmeer.
Sie fliegen über die Sahara.
Sie fliegen bis ins Kongobecken.
Hier ist es schön warm.
Hier gibt es keinen Winter.
Hier gibt es viele Fliegen und Mücken.
Aber, wenn das Frühjahr kommt, fliegen sie wieder zurück.
Sie finden das Nest, das sie im vergangenen Jahr gebaut haben".

Heute weiß man, dass die Schwalben an die niederländische Küste und von dort nach Süden immer an der Küste entlang bis nach Afrika fliegen. Auf der Rückreise fliegen sie ebenso immer an den Küsten von Afrika, Spanien, Frankreich, Belgien bis nach Breskens in Holland entlang. Dann verteilen sie sich in den Niederlanden. Der Lehrer deckt die große Wandtafel auf. Da stehen wichtige Wörter: Mehlschwalbe, weißer Bauch, Rauchschwalbe, rote Stirn, roter Hals, Außenseite des Hauses, im Kuhstall, Kugel, Halbkugel, Schüssel, ausbrüten, füttern, flügge, Afrika, Kongobecken, Zugvögel.

Lehrer:
„Wir lesen die Wörter.
Wir nehmen die Tafel heraus auf Kommando 1!, 2!, 3!
Griffel vorzeigen!
Das 5. bis 8. Schuljahr nimmt die Realienbücher heraus. Schlagt den Naturkundeteil Seite 53 auf!
Die Mädchen schreiben einen Aufsatz über die Mehlschwalbe.
Die Jungen schreiben über die Rauchschwalbe.
Am Schluß der Stunde werden die Aufsätze der ganzen Klasse vorgelesen.
Das fünfte und sechste Schuljahr nimmt die Lesebücher heraus und schlägt die Seite 36 auf. Wilhelm geht mit ihnen in den Flur. Sie lesen vorwärts, rückwärts, bis sie es können. Dann kommen sie wieder und schreiben das Gedicht in das Schönschreibheft,
(Gedicht von Dieffenbach).
Das dritte und vierte Schuljahr schreibt die Wörter von der Wandtafel ins Reinheft und bildet dann Sätze.
Das erste und zweite Schuljahr schreibt: Wir kennen Rauchschwalben und Mehlschwalben.
Das erste Schuljahr schreibt auf die Tafel.
Das zweite Schuljahr schreibt auf die Tafel und danach ins Heft. Anfangen!"

Jetzt hat der Lehrer Zeit, Schreibhaltung, Sauberkeit, Tafelläppchen und Schwämmchen, Fingernägel und Taschentücher zu kontrollieren.

Ordnung, Disziplin und Sittlichkeit

So lautet die Überschrift eines Kapitels aus dem Jahresbericht von 1826, den kein anderer als der damals schon bekannte und berühmte Friedrich Adolf Wilhelm Diesterweg als Leiter des evangelischen Lehrerseminars in Moers an den Kultusminister von Altenstein in Berlin richtete:
„In den beiden ersten Jahren des Bestehens der organisierten Anstalt machte uns die Handhabung der Ordnung, die Befestigung des stillen, ununterbrochenen Fleißes, die Gewöhnung an äußere Gesittetheit in Mine, Gang und Haltung, die Beobachtung derjenigen Geregeltheit, ohne welche ein angenehmes Zusammenleben Vieler nicht möglich ist, manche Schwierigkeiten, manche Sorge und Mühe. Freilich bedarf auch jetzt noch mancher natürliche, mitunter auch ungehobelte Sohn eines Bürgers und Landmannes manche Zurechtweisung und Regelung, bevor er wie ein ganz anständiger, auch äußerlich gesitteter Mensch erscheint".

Es gab eine ministerielle Verfügung, wonach die Leiter der Seminare Lehrer und Schuleinrichtungen ihrer Bezirke besuchen und beurteilen sollten. Der Seminardirektor Diesterweg schildert den mangelhaften Zustand der Schulgebäude und ihrer Ausstattung, die oberflächliche und kommunale Aufsicht und vor allem die „fatalsten" Eindrücke über die Leistungen seiner ehemaligen Zöglinge. Es muß für den Berichterstatter eine bedrückende Enttäuschung und Quälerei gewesen sein, solche unerwarteten Mißstände zu beschreiben. Er schreibt in Elberfeld und Barmen:

„Wenn die Klassen nicht gerade mit Schönschreiben beschäftigt werden, so ist an stillen Einfluß des Lehrers auf das Gemüt des Schülers, auf respektvolle Haltung und angemessene stille Aufmerksamkeit gar nicht zu denken. Vielmehr herrscht ein wilder Tumult mit Apparaten, Füßen und Armen, ein tolles Durcheinander einer ungezogenen frechen Jugend. Das Ganze bietet den Anblick eines offenen Kriegszustandes dar, und man fürchtet jeden Augenblick, daß die wilde Schar zu immer größerer Frechheit gereizt werden möge. Die Lehrer müssen jeden Augenblick eingreifen, hier mit dem Blicke, dort mit der Hand und Faust drohend, dann an jenen Ort eilen, um entstandene Zwistigkeiten zu beseitigen, jetzt hier einen am Halse fassen und zusammenschütteln, dann einen anderen mit einer Ohrfeige in Ruhe setzen etc. etc".

(Klaus Goebel: Diesterweg. Sämtliche Werke, II. Abteilung XXIII.Band, Seite 393)

Eine Schule ohne Zucht ist eine Mühle ohne Wasser

Mein Schwiegervater, Otto Reifferscheid, führte eine einklassige Schule im Nachbardorf Pech. Einmal hatte ich Gelegenheit, einen ganzen Vormittag an seinem Unterricht teilzunehmen. Am meisten beeindruckt war ich von den stillarbeitenden Kindern und der ruhigen und väterlichen Art des Lehrers, die wie von selbst eine aufmerksame Haltung der Schüler bewirkte. Als ein kleiner Streit in einer Gruppe entstand, brach er seinen Unterricht mit den ersten Schülern ab und ließ die vier Schwätzer zu sich kommen. Er ermahnte sie ohne Heftigkeit und Schärfe, aber so eindringlich und ernst, daß sie fortan nicht mehr störten. Ich stellte mir vor, wie ich reagiert hätte – sicher viel zu laut und verurteilender.
In der Pause stöberte ich in seinem Bücherschrank und nahm aus der hintersten Reihe ein altes Buch in die Hand und las: „Johann Amos Comenius, große Unterrichtslehre!" Ich betrachtete sein Bild auf der folgenden Seite und las die Einleitung über sein leidvolles Leben und Wirken.
Mein Schwiegervater, mit dem ich über meine Schwierigkeiten mit der Disziplin gesprochen hatte, schenkte mir das Buch. Zu Hause fand ich ein ganzes Kapitel (XXVI) „Von der Schulzucht (Disziplin)". Es beginnt mit einem Sprichwort aus Böhmen: „Eine Schule ohne Zucht ist eine Mühle ohne Wasser. Daraus folgt indessen nicht, daß die Schule voll sein müsse von Wehgeschrei und Schlägen, sondern vielmehr von Wachsamkeit und Aufmerksamkeit von Seiten der Lehrenden und der Lernenden".

Mein Schwiegervater Otto Reifferscheid

Dorfstraße in Pech

Johann Amos Comenius 1592 – 1670

Vom darzubietenden Stoff müsse ein Reiz für die Gemüter ausgehen. „Ist es anders, so sind nicht die Lernenden schuld, sondern die Lehrenden. Schläge und Streiche haben nicht die Kraft, Liebe zu den Wissenschaften in die Köpfe hineinzubringen, wohl aber Abneigung zu erzeugen". Er bringt zu allen Lehrsätzen mehrere Beispiele. Am besten gefiel mir der Vergleich mit dem Geigenspieler, dessen Saiten nicht stimmen. Er schlägt nicht mit Fäusten dagegen, sondern er wendet seine Kunst so lange an, bis er die Geige gestimmt hat. Nur wenn man mit allen sanften Mitteln aber keinen Erfolg habe, müsse man stärkere Maßnahmen ergreifen. Und trotzdem dürfte bei manchem auch heute noch gelten, was man zu sagen pflegt: Ein Phrygier läßt sich nur durch Prügel bessern. Er empfiehlt es selbst nicht und zitiert einen Doktor der Philosophie, den er sagen läßt: „Solche Schüler sind frühzeitig aus der Schule zu entfernen".
Ich nahm mir fest vor, meine gelegentlichen Ohrfeigen zu unterlassen und noch geduldiger zu werden.

Unterrichtsführung durch Fragen und Antworten

Ich fand auf dem Schulspeicher ein Büchlein. (Präparationen zur Behandlung von Heys Fabeln, 1915 Langensalza). Da ich einige Hey-Bilder besaß, las ich die Besprechung des Bildes: Wie sieht der Wandersmann aus? Ist er jung? Ist er groß? Was trägt er auf dem Rükken, was mag er im Rucksack haben? Welche Farbe hat die Jacke? – die Hose? Was hat er auf dem Kopfe, – in der rechten Hand? Wo wandert er? Wohin

Johann Amos Comenius

Große Unterrichtslehre

mit einer Einleitung:

J. Comenius, sein Leben und Wirken.

Einleitung, Übersetzung und Kommentar

von

Schulrat Dr. Gustav Adolf Lindner,

k. k. Universitätsprofessor.

Fünfte Auflage.

(Nach der neuen Rechtschreibung bearbeitet.)

wandert er? Was für ein Feld ist links vom Weg? Warum geht er diesen Weg? Wann wandert er? Welche Tageszeit ist es? Wo ist die Sonne? usw.
Dieser Frageunterricht ist zwar mehr als ein Unterricht, bei dem der Lehrer alles vorsagt und die Schüler nachsprechen läßt. Er beteiligt ja die Schüler, indem sie seine Fragen beantworten. Vielleicht sogar in ganzen Sätzen. Aber das Mitdenken des Schülers ist vom selbständigen Denken noch weit entfernt. Der Lehrer fragt, obwohl er es weiß. Eigentlich muß der Unwissende die Fragen stellen. So ist es doch im Leben. In der Schule sollte das anders sein? –

Als ich Herrn Prof. Dr. Wilfried Buch von der Bonner Akademie kennenlernte, führte er ein Gespräch mit meinem Vater über den Wert des Fragens. Das Gespräch veranlaßte ihn zu einem größeren Aufsatz, den er später meinem Vater verehrte.

Alte Sprichwörter und moderne Pädagogik

in memoriam Wilhelm Cüppers, Lehrer (1888 - 1972)

In Deutschland lernte ich einen alten, längst pensionierten Lehrer kennen, der in einem Dorf im Selfkant (Kreis Heinsberg) geboren war, dann 50 Jahre als Lehrer in der Eifel gearbeitet hatte und zugleich ein wissenschaftlich international anerkannter Fachmann für die Kalksteinflora seiner Heimat wurde.
Schon als Schüler habe er ein brennendes Interesse für Pflanzen gehabt, erzählte er mir, und jeden Tag seine neuen Funde in der Hosentasche zur Schule mitgenommen, denn sein Lehrer sei ein guter Pflanzenkenner gewesen.
„Wie fein, da konnten sie ihn nach den Namen fragen“, meinte ich. „Ach nein, damals durften die Schüler den Lehrer nicht fragen, nur umgekehrt, der Lehrer die Kinder“. Das war vor einem Jahrhundert.

„Ein wichtiges, ja entscheidendes Merkmal moderner Pädagogik ist das Fragerecht, ja die bewußte und systematische Ausbildung der Fragefähigkeit der Schüler“.

Professor Wilfried Buch an der PH in Bonn

(Aus dem Aufsatz übernehme ich das sechste Kapitel):
„Dem 'gesunden Menschenverstand' der älteren Menschheit, wie er sich in den Sprichwörtern der Völker auskristallisierte, erschien seit je das Fragen als ein selbstverständliches Recht des Menschen und ein wichtiges, ja notwendiges Mittel der Erziehung und Selbsterziehung. Zwar gibt es auch Sprichwörter, die vor überflüssigem, zu häufigem, dummem Fragen warnen, aber die Bejahung des Fragens überwiegt überall weitaus. Dabei sollte man bedenken, daß die Grundhaltung der meisten Sprichwörter eher konservativ als reformistisch, eher skeptisch als enthusiastisch, jedenfalls keineswegs idealistisch-utopisch, sondern durch und durch realistisch ist.
Die Grundsituation des Fragens ist überall die Frage des Wanderers nach dem richtigen Weg. „Den Weg findet

man mit Fragen“ und „Wer fragt, geht nicht fehl“ (türkisch). Oder „Besser zweimal fragen, als einmal irregehn“ (deutsch).

Auf die im Mittelalter übliche Pilgerreise zum fernen Sitz des Papstes bezog sich das deutsche Sprichwort „Mit Fragen kommt man bis nach Rom“ und parallel dazu türkisch „Fragend, fragend, fragend findet man Bagdad“ (das alte Zentrum der islamistischen Kultur). Noch kraftvoller sagt ein usbekitisches Wort: „Wenn du beständig fragst, überwindest du die höchsten Gebirge; wenn du nicht fragst, versinkst du im Sumpf der (lebensgefährlichen) Dummheit“.

Selbst die Orientierung nach der Sonne ist nicht so zuverlässig wie das Fragen, erklärt ein Sprichwort der Bantu-Neger. „Wer sich nach der Sonne richtet, kann sich trotzdem verlaufen; aber wer fragt, kommt zum Dorf“.

Schon das Fragen nach dem richtigen Weg gilt auch übertragen für das Lernen des richtigen Wissens. In fast allen Sprachen gibt es Sprichwörter, die Fragen und Lernen gleichsetzen: „Wer sich zu fragen fürchtet, schämt sich zu lernen“ (dänisch). Dabei werden die Vorteile des Lernens durch Fragen hervorgehoben: „Fragen ist nicht verboten“ und „Fragen kostet nichts“.

Allerdings hat diese Lernart auch Nachteile. So macht sie Mühe: „Es ist bequemer zu glauben als zu fragen“ (kroatisch), wobei das Fragen die kritische Einstellung bedeutet, die zum selbständigen und klaren Erkennen führt.
Ein sehr feines afrikanisches Wort nennt eine tatsächliche „Gefahr“ des Fragens: „Wer fragt, tut zwar nichts Schändliches, aber er verrät sein Geheimnis“ (Haussa). Jede Frage zeigt ein bestimmtes Interesse und offenbart damit indirekt auch ein verstecktes Interesse. So fragt der stille Verehrer eines Mädchens etwa nach dessen Eltern und verrät damit dem Zuhörer die verborgene Neigung.

Nach- und Vorteile des Fragens faßt ein chinesisches Sprichwort eindrucksvoll zusammen: „Wer fragt, ist fünf Minuten ein Narr, wer nicht fragt, sein Leben lang“.

Zahlreiche Sprichwörter greifen noch viel tiefer, sie treffen bei aller Kürze das innerste Wesen, den tiefsten Grund, die höchste Würde des Fragens.

Eine sehr einfache, aber zu tiefer Einsicht führende Erfahrung hält ein japanisches Sprichwort fest: „Über dich selbst mußt du andere fragen“. Die Tatsache, daß wir von uns selbst nichts oder doch nichts Zuverlässiges wissen, gründet ja nicht nur in fehlender Objektivität, sondern vor allem darin, dass wir für uns selbst gar nichts „sind“, sondern erst in der Begegnung mit den anderen „jemand werden“.

Ein englisches Sprichwort nennt die bewahrende, ja rettende Kraft des fragenden Interesses: „Viele Dinge gehen verloren, weil niemand nach ihnen fragt“. Gäbe es eine Geschichtsschreibung, damit eine Geschichte und historische Identität der Völker, wenn niemand nach den Vorfahren, den Vorfahren der Vorfahren fragte?

Ein italienisches Sprichwort weist auf die Würde des kleinkindlichen Fragens hin, das den ersten Schritt auf dem Weg zu den größten Geistesleistungen darstellt – leider verliert sich diese frühe Fragelust meist bald.

Wird sie durch falsche Erziehung verschüttet? „Das Warum des Kindes ist der Anfang der Philosophie“.
Mehrere Sprichwörter verschiedener Völker entwerfen geradezu eine Philosophie des Fragens selbst. Ein iranisches Sprichwort weiß: „Klug zu fragen, ist schwieriger als klug zu antworten“. Denn klug fragen kann nur der, der ein Problem als Problem erkennt. Ist es aber erst einmal erkannt, liegt die Lösung oft nahe. „Gut fragen heißt viel wissen“, (japanisch), „Wer fragt, der lernt tiefsinniger, als es zunächst scheint“.
Es heißt ja nicht: „Wer fragt, der will lernen“ oder „er wird durch die Antwort lernen“. Fragen selbst ist schon lernen. Darum ist es auch so wichtig, fragen zu lernen, lernen zu lernen.

Andererseits bedeuten angesichts der großen Probleme der Menschheit Frage und Antwort nur zwei Schritte auf einem nie endenden Weg: „In jeder Antwort steckt eine neue Frage“ (jiddisch).

Daß dieser Prozess allerdings keinen festen Schienenweg im Sinne der fortschrittsgläubigen Aufklärung darstellt, sondern stets auch zu Risiken, Umwegen, Irrwegen, Rückschritten führen kann, besagt das schlichte aber tiefsinnige nordamerikanische Sprichwort: „Auf jede Frage gibt es zwei Antworten: eine richtige und eine falsche – oder zwei richtige – oder zwei falsche? Das bleibt die Frage“.

Aber nicht trotz, sondern gerade wegen dieses zutiefst menschlichen „Offenbleibens“ besitzt das Fragen eine besondere Würde, Menschenwürde. Das Fragen macht die Welt heller, freier, humaner. Wie schön sagt das ein chinesisches Sprichwort: „Eine gute Frage ist, als ob einer eine Glocke läutet – eine Glocke, die den Schläfer weckt, zum (Gottes) – Dienst ruft, aber auch ohne Funktion, „zweckfrei“ schön klingt mit einem Klang von geradezu übernatürlicher Reinheit....“

Der Mensch ist das Geschöpf Gottes, dem er die Fähigkeit des Fragens verlieh. Und geradezu durch diese Fähigkeit besitzt der Mensch den höchsten Rang in Gottes Schöpfung, wie ein arabisch-islamisches Sprichwort sagt: „Vor dem, der nach Wissen strebt, verneigen sich sogar die Engel“.

Und doch bleibt der Mensch nur Mensch. Sein Wissenshunger mag unendlich sein, das Wissen aber, das er fragend erwerben kann, bleibt menschengemäß dürftig. Diese so bescheidene wie bittere Einsicht mag den Reigen der Sprichwörter über das Fragen abschließen. „Der Mensch lernt solange er lebt, und stirbt doch unwissend“ (deutsch).

Gezeigt hat dieser Reigen jedenfalls, dass eine Hauptforderung der modernen Pädagogik keineswegs revolutionär neu ist, sondern der Einsicht der „Väter“ entspricht und die endlich verwirklichen helfen will.

Auch die Sprichwörter der Völker sind eine frische, frischbleibende und erfrischende Quelle am mühsamen Weg in die Zukunft.

Angesichts dieses edlen „Gestern“, das in sich ein edles „Morgen“ birgt, sollte jeder Lehrer das beherzigen, was Bertold Brecht in einem seiner schönsten Gedichte sagt und was doch zugleich die alte Forderung darstellt, den Wert des Fragens und die Würdigung des Fragenden zu achten. „Die etwas fragen, die verdienen Antwort“.

Und ebenso sollte sich jeder Lehrer stets vor Augen halten, was Brecht an anderer Stelle schneidend scharf gegen das abfällige Gerede von den „dummen Fragen“ (der Schüler) formulierte: „Es gibt keine dummen Fragen, nur dumme Antworten!“
Auch damit kann Brecht sich auf die Tradition berufen, die zuweilen fortschrittlicher, als die Gegenwart ist – hoffentlich nicht auch fortschrittlicher, als die Zukunft: Diese Frage richtet sich an uns. Wie werden wir antworten?“

Singen und Spielen

Je mehr die Schüler gefordert und motiviert waren, desto geringer wurde mein Problem von Ruhe und Ordnung. Vor allem der Austausch mit meinen Nachbarkollegen Bernhard Weisgerber, Wendelin Antz, Franz Josef Heiliger, Hajo Hilberoth und Heinrich Berges war für mich ein großes Geschenk. Es begann mit der Musik. Bernhard zeigte Werkblätter von Gottfried Wolters aus dem Möseler Verlag. So sangen wir bald die gleichen Lieder, jeder in seiner Schule:

Wir waren alle musikalisch, führten Gesangvereine, spielten Klavier und Orgel und Wendelin Cello. Bei vielen Gelegenheiten sangen wir zusammen auf der Orgelbühne ein Requiem.
Die Sommerfeste mit viel Musik, Theater, Polonnaise, Sackhüpfen, Eierlaufen, Glücksrad und vielen Losbuden und Tombola waren Höhepunkte für Schule und Dorf.

Der Höhepunkt meiner Arbeit in Gimmersdorf war wohl das große Dorffest, das Bernhard Weisgerber im Niederbachemer Heimatheft Nr. 18 „Carl und Walter Cüppers im Landchen 1945“ ausführlich beschrieben hat.
Unsere Vorliebe für Musik und Gesang hat sich mit Sicherheit auf unsere Kinder übertragen. Als Begleitinstrumente haben wir mit Hilfe von Bausätzen Flachharfen gebaut.

Mein Leben lang lese ich gern Gedichte und habe viele mit den Kindern auswendig gelernt. Bei meinen Spaziergängen heute repetiere ich und trainiere mein Gedächtnis. Das Sprechen und Vortragen, auch mit verteilten Rollen oder im Chor, bereitete den Kindern großes Vergnügen. Bei Klassentreffen nach 50 Jahren ist es für mich eine besondere Freude, wenn die Lieder von damals aus dem „Singenden Jahr“ noch präsent sind oder die langen erzählenden Gedichte von Ludwig Uhland, Peter Rosegger, Theodor Storm, Matthias Claudius, Heinrich Heine und Annette von Droste Hülshoff noch heute im Chor gesprochen werden können. Wir erinnerten uns, daß wir einige Gedichte nicht mehr vortragen konnten, weil durch Versprecher der Ernst und der Sinn verloren gingen.

So sprach Josef in der vorletzten Strophe des Gedichtes von Johann Nepomuk Vogel „Das Erkennen“:
„Und weiter geht er die Straß’ entlang,

Liederbuch von Gottfried Wolters

Ein Tränlein hängt ihm an der braunen Wang'
Da schwankt von dem Kirchturm........statt: Da wankt von dem Kirchsteig sein Mütterchen her.
Oder beim Vortrag von Otto Ernst „Nis Randers":
„Nis driss auf die Brücke, die Mutter ihm nach" statt: Nies tritt auf die Brücke.....
Durch Prof. Buch kamen wir auf die Idee, selber Gedichte zu machen. Zur Goldhochzeit spielten wir „Die Puppenhochzeit" und „Jeder kehr' vor seiner Tür".
Nach 10 Jahren habe ich meine liebe einklassige Schule verlassen und wurde Hauptlehrer an der benachbarten dreiklassigen Schule in Berkum. Die Zusammenarbeit mit Gimmersdorf und Oberbachem blieb bestehen, so daß wir unter uns von einer „Dörfergemeinschaftsschule" sprachen. Unsere drei Schulen machten zusammen einen mehrtätigen Ausflug nach Marburg, in die Heimat von Bernhard Weisgerber.
Die Sommerfeste in Berkum erhielten eine besondere Note durch die Kulisse des Domsteinbruches. In meiner Zeit wurde ein neuer Klassenraum gebaut mit Heizung, Werkraum und Toiletten. Vorher gab es, wie in allen alten Schulen, noch ein besonderes „Abtrittsgebäude" ohne Wasserspülung. Für 25 Mädchen und 40 Knaben je ein Sitz. Die „Pissoirstände" für Jungen waren noch vorschriftsmäßig mit 1,20 m hohen, bis zum Boden reichenden Zwischenwände getrennt. Dabei war die „schickliche Trennung der Zugänge für Knaben und Mädchen" bedacht. So war es auch hier wie vor 80 Jahren.
Das Urteil von Schüler Manikowsky über die neuen Toiletten: „Do kann man sich wenigstens mit Appetit dropsetze".

Musikalisches Fest
unter der hundertjährigen Linde

Festzug durch Gimmersdorf 1947

Sommerfest in Berkum 1957

Reigentänze im Domsteinbruch Berkum

Sommerfest im Domsteinbruch Berkum

„Klöppelschesjunge" aus Züllighoven

Flötengruppe mit Lehrerin Agnes Pfahl in Berkum

Der tägliche Milchwagen aus Züllighoven

Der Domsteinbruchbauer Edmund Jung

Spiel zur Goldenen Hochzeit von Joh. Baptist und Frau Lieschen aufgeführt in Gimmersdorf im Saale Zorn 1947

Ansager: Puppen sind stets brav und still, sie tun alles, was man will. Doch in der Nacht, wenn's zwölfe schlägt, es im Puppenhaus sich regt – eine Stunde ist gegeben, ihnen für ihr ganzes Leben. Merken sie, dass jemand hört, ist der Zauber gleich zerstört. Da sind sie alle, schaut nur her, Jäger, Has' und Teddybär. Kasper, Schneemann und sodann, Nussknacker und Hampelmann, Schornsteinfeger mit dem Wedel und das liebe Püppchen Gretel.
(Stille)
(Die Uhr schlägt 1, 2, -12 –dann springen alle auf)
Kasper: 12, die Mitternacht ist da!
Alle: Nun kann man sich recken
Nun kann man sich strecken
Nun kann man mal lachen
Nun kann man mal krachen
Und einmal sich dreh'n – spazierengeh'n
Kaspar: Seid ihr alle da?
Alle: Ja, ja!
Teddy: Was ist denn das, mir scheint, unser liebes Gretel weint.
Alle: Gretel weint? Sag, was dir fehlt, Gretel sag doch, was dich quält.
Gretel: Ach, was nützt es, dass ich red'. Ich habe keinen, der mich versteht. Und ich bin gar nicht froh. Ich bin so klein und fürcht' mich so.
Kasper: Weine nicht, du kleines Mädchen, sagt, was machen wir mit Gretchen? Helft mir alle, alle acht, helft, dass Gretchen wieder lacht.
Hampelmann: Nimm mich, mich, mich! Mich nimmst du sicherlich! Ich heiße Franz, bin Hampelmann. Sieh, wie schön ich tanzen kann.
Gretel: Ach mein lieber Hampelfranz, ich bin nicht für modernen Tanz.
Alle: Habt ihr's gehört, habt ihr's gesehn? Sie nimmt ihn nicht, sie lässt ihn steh'n.
Nussknacker: Gretel liebt die ernsten Herrn. Lasst mich herein mit Orden und Stern. Ich bin Karl, der Nüsseknacker. Ich bin tüchtig, ich bin wacker.
Gretel: Dein Haar ist schon ganz grau, ich bin doch eine junge Frau.
Alle: Habt ihr's gehört ...?
Jäger: Lasst ihn gehen, diesen Racker, er ist ein Nüsseknacker. Gretchen, schau doch mich mal an, ich bin ein schmucker Jägersmann.
Gretel: Jägersmann, ich muss dir sagen, schießen kann ich nicht vertragen.
Alle: Habt ihr's gehört ...?
Häschen: Ich hab' das richtige Gesicht. Habt ihr's gehört, was Gretel spricht? Ich bin ein kleiner lustiger Has'. Mit mir, da hast du großen Spass.
Gretel: Ach, munteres Häschen, du bist zwar fein, sei mir nicht bös, du bist zu klein.
Alle: Habt ihr's gehört ...?
Teddy: Macht Platz, lasst mich mal sehen. Ich stelle mich auf meine Zehen. Ich bin größer doch als er. Ich bin Petz, der Teddybär.
Gretel: Lieber Petz, bist nett und drollig. Doch du bist mir viel zu mollig.
Alle: Habt ihr's gehört ...?
Schornsteinfeger: Liebe Gretel, schau mich an, ich bin für dich der richtige Mann. Schwarz und blank, so wie ein Neger, am Tage bin ich Schornsteinfeger.
Gretel: Leider nein, ich sag es ehrlich. Deine Arbeit ist mir zu gefährlich.
Alle: Habt ihr's gehört ...?

Die goldene Hochzeit von Baptist Auen in Gimmersdorf

Schneemann: Alle sagen, ich bin schön. Nur die Sonne darf's nicht seh'n. Denn die Sonne ist voll Neid, brennt mir Löcher in das Kleid.
Gretel: Schneemann, nein, das kann nicht sein. Ich liebe sehr den Sonnenschein.
Alle: Habt ihr's gehört ...?
Kasper: Keiner, keiner von uns allen, konnte ihr bisher gefallen.
Gretel: Lieber Kasper, lieber Wicht, ob du mich willst, dass weiss ich nicht.
Kasper: Aber Gretel, wie kannst du das sagen. Ich wagte nur nicht, dich zu fragen. (Gretel und Kasper umarmen sich)
Ansage: Auf die Plätze! Gleich schlägt's eins! Nun ist' vorbei und aus. Kommt morgen früh zum Hochzeitsschmaus!

(Die Uhr schlägt: -1..2..3..-12- Alle Spieler liegen steif auf der Erde)

Wandtafelbild „Der Hase in vollem Lauf“

Wer fängt den Hasen?

Auf einer Wiese am Waldrand machten wir eine Wanderpause. Als wir uns gerade ins Gras legen wollten, sauste ein Hase an uns vorbei. Ich rief: „Wer fängt den Hasen?“
Mit Gebrüll sausten die Jungen hinter ihm her. Der Hase flüchtete in eine Strauchgruppe am Waldrand. Die Jungen umstellten das Strauchwerk und riefen: „Has, Has, Has.....!“ Nach einer Weile traute sich einer und wollte ihn aufstöbern. Er kam mit einem toten Hasen wieder zum Vorschein. Er legte ihn auf die Wiese, und alle standen wir um ihn herum. Ich hatte ein sehr schlechtes Gewissen und konnte mir den Vorgang nur so erklären, daß der Hase einem Herzschlag erlegen war. Was jetzt? Wohin mit dem Hasen? Wir haben ihn beim Förster Bergheim als gefunden abgeliefert. Schon gut, daß nur die Försterin zu Hause war. Sie bedankte sich noch und stellte keine Fragen.

Der Namenstag des Lehrers

In unserer Jugend war es bei uns nicht üblich, den Geburtstag des Lehrers zu feiern. Dafür war aber der Namenstag von besonderer Bedeutung. So war es auch in der Schule. In der einklassigen Schule in Gimmersdorf war es Sitte, daß an diesem Tag kein Unterricht abgehalten wurde. Die Mädchen der Oberklasse trafen sich am Vorabend und schmückten den Klassenraum mit Blumen und Papiergirlanden. Der Stuhl des Lehrers wurde mit Efeuranken und bunten Schleifen verziert. Die Jungen waren bei dieser Arbeit nicht gefragt. Ihnen blieb nichts anderes übrig, als die Mädchen dabei zu stören. Sie klopften an Fenster und Türen und machten großen Spektakel. Die Frau des Lehrers konnte ihnen gut zusprechen, und dann räumten sie widerwillig das Feld. An der Tür des Klassenzimmers war zu lesen:

DAS BETRETEN DES LEHRERS IST VERBOTEN!

10 Pfennig für ein vierblättriges Kleeblatt

Bei einer Wanderung mit den Kindern der einklassigen Schule in Gimmersdorf kamen wir an einem Kleefeld vorbei. Ich rief: „Wer ein Kleeblatt mit 4 Blättern findet, bekommt von mir einen Groschen!“
Sofort schwärmten sie aus und suchten. Das dauerte keine 5 Minuten, da war mein kleiner Vorrat erschöpft. Deshalb rief ich: „Aufhören mit dem Suchen!“

Neun Kinder standen noch in der Reihe. Wie versprochen, mußte ich am nächsten Morgen meine Schulden bei ihnen begleichen.

Verlauf einer Unterrichtsstunde

Der Mann mit den sieben Messern (Eine Kasperlgeschichte von Otfried Preußler, K.Thienemann Verlag, Stuttgart 1962)

Der Lehrer erzählt die Anfangsgeschichte des Buches, wie Kasperls Großmutter, die auf der Gartenbank saß und Kaffee mahlte, von dem Räuber Hotzenplotz erschreckt wurde.

Die Schüler wollen im Anschluß daran über das Gehörte sprechen. Der Lehrer hält sich zurück und kann durch Impulse das Gespräch lenken:

Da konnte die Großmutter einem aber doch Leid tun!
Sie war so gut gelaunt.
Wer konnte denn so etwas denken?
Die schöne Kaffeemühle.
Sie liebte die Kaffeemühle. (Wir mahlen und singen dabei)
Wie muß sie sich erschrocken haben!
Es war ja kein gewöhnlicher Mann.
Wie sah er aus? (Ledergürtel, Messer, Pistole)

Tafelanschrieb:

Bart	struppig	im Gesicht
Schlapphut	groß	auf dem Kopf
Hakennase	breit	im Gesicht
Feder	lang	an dem Hut
Gürtel	ledern	um den Bauch
Messer	scharf	in dem Gürtel

Der Räuber Hotzenplotz.

Pistole	geladen in der rechten Hand
Säbel	krumm in der linken Hand

mündliche Übungen:

Er hat einen struppigen Bart im Gesicht. Er ...
Der Lehrer malt den Räuber an die Wandtafel. Die Schüler schauen zu. (Erst den Kopf, den Bart und den Hut, den Körper, die Arme und Beine, den Ledergürtel mit den Messern, die Pistole und den Gürtel).

Das erste Schuljahr schreibt die Hauptwörter auf die Tafel.
Das zweite Schuljahr schreibt ins Heft: Er hat einen struppigen Bart im Gesicht. Er hat ...

Arbeit mit dem dritten Schuljahr an der Wandtafel.
Wir lesen und unterstreichen die wörtliche Rede mit Kreide an der Wandtafel.
Der Räuber rief Her mit dem Ding da.
Her mit dem Ding, sage ich.
Erlauben sie mal, rief die Großmutter.
Und was fällt ihnen ein, rief sie ängstlich.

Wie kommen sie dazu, rief sie, mich so zu erschrecken?
Wer sind sie eigentlich? fragte sie leise.
Sie lesen wohl keine Zeitung, Großmutter, fragte der Räuber. Denken sie mal scharf nach!
Jetzt erst sah Großmutter, daß in dem breiten Ledergürtel sieben Messer steckten. Da wurde sie blaß, und sie fragte mit ängstlicher Stimme Sind sie etwa der Räuber Hotzenplotz?

Der bin ich, sagte der Mann mit den sieben Messern. Machen sie keine Geschichten. Geben sie mir sofort die Kaffeemühle!

Aber die gehört ihnen doch gar nicht, sagte die Großmutter.
Papperlapapp! rief der Räuber, tun sie gefälligst, was ich ihnen jetzt sage. Ich zähle bis drei. Und er hob die Pistole.
Bitte nein! sagte die Großmutter. Die Kaffeemühle dürfen sie mir nicht abnehmen! Ich habe sie zum Geburtstag bekommen. Wenn man dran kurbelt, spielt sie mein Lieblingslied.
Eben das, knurrte der Räuber. Geben sie schon her!
Da tat sie einen großen Seufzer und gab sie ihm.

Schriftliche Arbeit für das vierte Schuljahr:
Den Wettstreit von der Tafel abschreiben und Doppelpunkt und die Anführungsstriche einsetzen.

Beispiel: Der Räuber rief: „Her mit dem Ding da!"
„Her mit dem Ding!" sage ich.
„Erlauben......"

Verlauf einer Unterrichtsstunde für erstes bis viertes Schuljahr

Kasperl und der große Zauberer Petrosilius Zwackelmann

(Eine Kasperlgeschichte von Otfried Preußler, Thienemann Verlag, Stuttgart 1962)

Der Lehrer erzählt:
Der große Zauberer Zwackelmann lebte in einem Schloß, in einem Zauberschloß. Er konnte mit Leichtigkeit einen Menschen in ein Tier verwandeln, er konnte aus Dreck Gold machen.

Aber es gab Dinge, die konnte er nicht. Er konnte zum Beispiel nicht den Kartoffeln die Schalen herunterzaubern. Deshalb war er froh, daß er einen Diener hatte. Sein Diener war Kasperl, den ihr alle kennt aus den vielen Kasperlgeschichten.

Er hatte ihn angenommen, weil er angeblich so dumm war. Er konnte nur einen dummen Diener gebrauchen, weil er Angst hatte, er könnte ihm seine Geheimnisse ablauschen und auch das Zaubern lernen. Kasperl aber war in Wirklichkeit schlau, er stellte sich aber ganz dumm. Er tat auch so, als ob er seinen Namen nicht richtig aussprechen könnte. Einmal sagte er Wackelmann oder Zackelmann oder Packelmann oder Wackelzahn. Dann schimpfte der Zauberer und sagte: „Ich heiße nicht Wackelzahn, sondern großer Zauberer Petrosilius Zwackelmann". „Jawoll", sagte Kasperl, „jawoll Herr Eprosilius Dackelschwanz". Dann war der Zauberer böse, und hätte ihn am liebsten ordentlich durchgehauen.

Eines Morgens sagte der Zauberer: „Heute muß ich dich allein lassen, denn ich reise zu meinen Kollegen in Buxtehude und werde erst in ein paar Tagen zurückkommen. Merke dir, was du tun sollst:

Erstens:	sechs Eimer Kartoffeln schälen und kleinschnippeln.

Zweitens:	drei Holzbalken sägen und aufstapeln.
Drittens:	den Holzfußboden schrubben und einwachsen.
Viertens:	den Gemüsegarten graben und festwalzen.

„Wie du befiehlst, großer Zauberer Spektrofilius Zackelschwan".
„Wiederhole, was du tun sollst!"
„Was ich tun soll: Ich soll sechs Eimer Kartoffeln sägen und aufstapeln".
„ Ich soll drei Holzbalken schälen und kleinschnippeln".
„Ich soll den Holzfußboden graben und festwalzen".
„Ich soll den Gemüsegarten schrubben und einwachsen".
„Du bist ein ganz großer Esel", sagte der große Zauberer. „Komm her, ich will dir alles aufschreiben, dann aber wehe dir, wenn du etwas falsch machst!"
„Also vier Dinge, wir wollen es noch einmal üben".
„Was sollst du mit den Kartoffeln machen?"
„Was....."

Zwackelmann hört mit Freude, daß alles richtig ist.
„Jetzt kann ich beruhigt wegfliegen", sagt er.
Kasperl sagt: „Jetzt schmeiß ich mal zuerst den dummen Zettel weg".
Aber als der große Zauberer wieder zurück kam, sah er sofort, was Kasperl gemacht hatte. Er stampfte mit dem Fuß auf die Erde.
Kasperl dachte: „Jetzt schmeißt der mich raus".

Der Zauberer Petrosilius Zwackelmann, Kinderzeichnung

Zwackelmann aber schnackelte mit den Fingern und zauberte eine Flasche Doppelkümmel. Damit spülte er seinen Ärger herunter.

Lese- und Schreibübung für erstes und zweites Schuljahr:

Zwackelmann	H.....	P.....
Rackelmann	J.....	Qu.....
Backelmann	K.....	R.....
D......	L.....	S.....
F.....	M.....	T.....
G.....	N.....	W.....

Petro ilius	Petro ilius
f	m
b	n
d	p
k	qu
l	b

Wurzelschrift

1947 habe ich mit den Kindern im ersten Schuljahr die „Wurzelschrift" gelernt. Schon nach wenigen Wochen konnten die Schüler ganze Geschichten aufschreiben. Die Ursache dafür ist der spürsame Zusammenhang zwischen Sprechen und Schreiben, da für jede Silbe (Klanglaut) ein Grundstrich nach unten ausgeführt wird. Für jeden Geräuschlaut schreibt die Hand einen Haarstrich nach oben.
Nach einem halben Jahr beginnt der Lehrer danach mit der Buchstabenschrift, die in sechs Wochen problemlos gelernt werden kann. Bei der Übertragung von Wurzelschrift in Normalschrift sind die Probleme der Rechtschreibung viel nachhaltiger zu lösen.

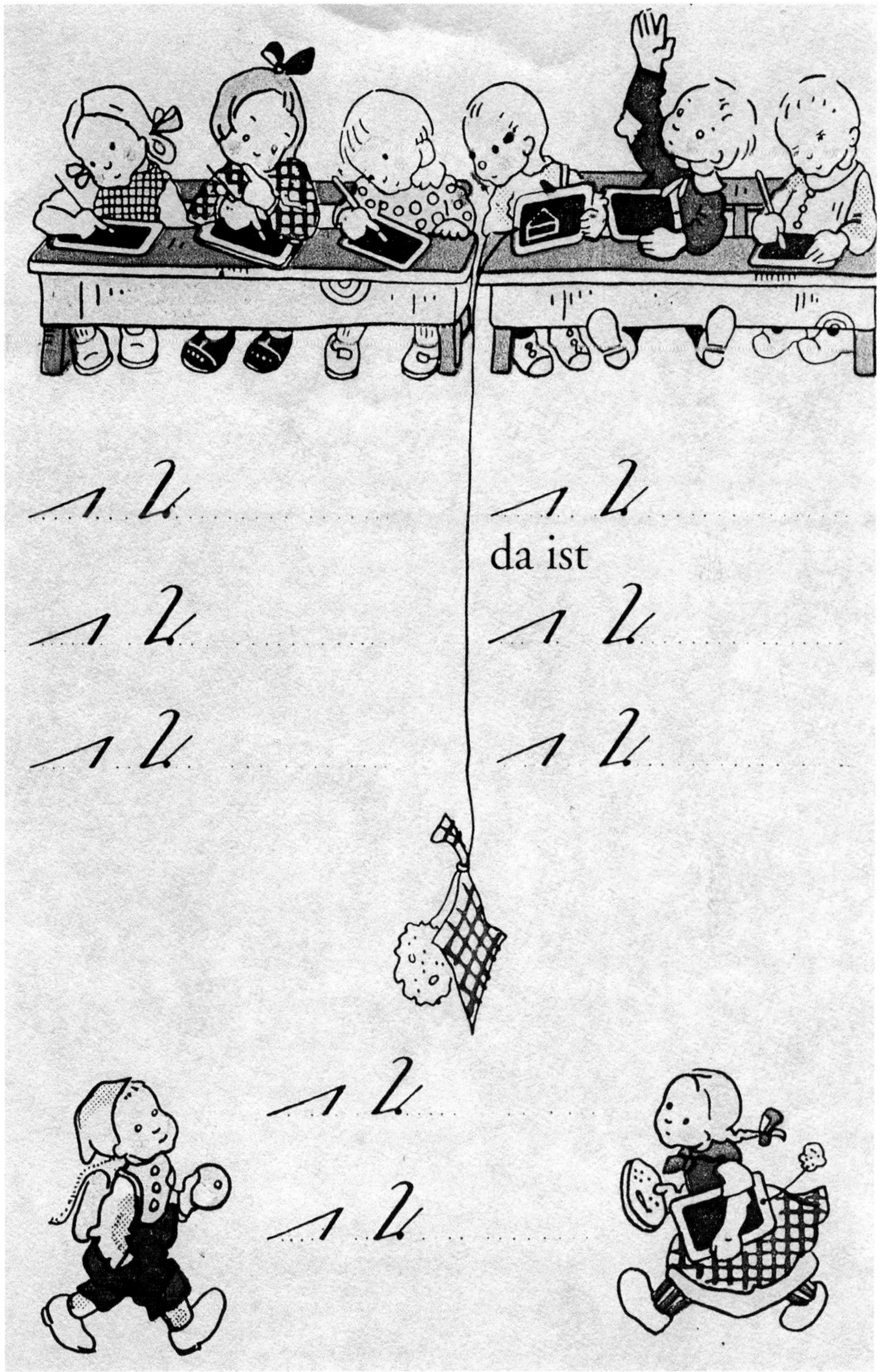

Die neue „Wurzelschrift"

Einübung der Wurzelschrift in Gimmersdorf, Besuch der Referendare an höheren Schulen.

Die einklassige Schule in Gimmersdorf auf der Landwirtschaftsausstellung, Hannover 1954

BERICHTE, AUFSÄTZE und BILDER

der GIMMERSDORFER SCHULKINDER

mit Ihrem Lehrer Franz Josef Heiliger

erst im Landschulpraktikum und dann mein

Ausgabe MAI-JUNI 1961 Nachfolger in Gi.

[I]n der nächsten Nummer nach den Ferien berichten wir vom Sommerfest!

Der Lehrer als Herausgeber der Dorfzeitung

Wie die Zeitung gemacht wurde

Wir wissen nicht, ob es sich lohnen wird, daß wir diese Schulzeitung machen. Das wollen wir ja erst ausprobioren. Aber daß es viel Arbeit ist, eine solche Schülerzeitung herzustellen, das wissen wir.

Vor allem brauchen wir dafür Aufsätze zu den Themen, über die wir schreiben wollen. Damit uns da immer etwas einfällt, haben wir uns die Zeitung in große Abschnitte aufgeteilt: Schule,
Kirche,
Natur,
Sport,
Heimat und andere
Wenn wir nun wissen, worüber wir schreiben wollen, fragen wir die Schulkinder, wer einen Aufsatz machen will. Dabei muß der Lehrer schon mal helfen; denn oft hat niemand Lust dazu. Die einzige Belohnung für die Schreiberei ist ja, daß die Geschichte gedruckt wird.
Darüber entscheiden der Lehrer und 6 gewählte Schulkinder, das Zeitungskomitee. Über manche Dinge kann man dann einfach schreiben. Viele Sachen wissen wir aber nicht so: dann fragen wir die Leute, die es uns sagen können. Z.B. fuhren wir nach Kürrighoven zu Schneiders, als es da gebrannt hatte. Die Jungen zeichneten sich die Baupläne des alten und des geplanten Baues ab und brachten sie mit.
Oder wir machen ein Interview mit einem Landwirt des Dorfes, der uns sagen kann, was gerade wichtig für die Bauern ist. Oder wir fragten eine Frau, die uns von der alten Schule noch erzählen konnte. Oder: Was die Kinder im 3. Schuljahr an Hausinschriften gesammelt hatten, baute der Lehrer zu einem großen Aufsatz zusammen.

Wir verkaufen die Zeitung, ~~von~~

Der Manfred Hüllen und ich trugen in Ließem 3o Zeitungen aus. Eine Frau sagte: "Ich gehöre nicht in dieses Haus. Kommt houte abend wieder!" Darauf machte sie die Tür zu. - Eine andere Frau sagte: "Zeigt mal her, was habt Ihr denn da gemacht?" Nach einer Weile gab sie uns die Zeitung wieder mit den Worten: "Nein, darüber kann ich nicht entscheiden. Das muß mein Mann erledigen. Der ist aber nicht zu Hause. Kommt heute abend wieder, tut mir leid." Endlich bekamen wir wieder eine los. Das war bei einem Professor. Manni sagte: "Hier hat es bestimmt keinen Zweck." Dann wurde die Tür geöffnet. Eine ältere Dame trat heraus. "Was macht Ihr denn?" fragte sie mit leiser Stimme. "Wir kommen aus Gimmersdorf", sagten wir, "und wollen eine selbstgemachte Schülerzeitung verkaufen." "Augenblick mal, ich muß eben die Tür vom Eßzimmer schließen!" sagte sie, und schon hat sie die Haustür zugemacht. "Wat hann ech jesaht?" knurrte Manni, "mäht enfach de Porz zo!"
Aber kaum hatte er das gesagt, wurde die Tür wieder aufgemacht.
"Diese Zeitung wird meinem Mann bestimmt gut gefallen, und wenn ihr wieder eine gemacht habt, kommt ihr bitte wieder her. Ich kaufe euch bestimmt wieder eine ab."
Damit gab sie uns die fünfzig Pfennige. Ich gab ihr die Zeitung. Dann verabschiedeten wir uns herzlich.
So gab es neben den unfreundlichen Leuten auch eine Menge sehr freundlicher Menschen.

Erziehung zur Ordnung

von Franz Backer, Bad Godesberg

Herr Backer war bis vor kurzem Lehrer an einer Godesberger Volksschule. Inzwischen ist er Assistent für Psychologie an der Pädagogischen Akademie in Bonn geworden.
Er schreibt für unsere Zeitung über ein einfaches, aber wichtiges Problem, welchem Eltern und Erzieher viel Aufmerksamkeit schenken müssen.

Unsere Mütter und Großmütter werden sich noch erinnern, daß früher in ihrem Zeugnis auch eine Note für "Ordnung" stand. Heute wird "Ordnung" in der Schule nicht mehr besonders zensiert, sondern wird in der Note für das allgemeine Verhalten des Kindes, in seiner "Führung" mit berücksichtigt.

Hans lernt nimmermehr......

Ordentlichkeit ist zwar nur eine einfache Tugend, wenn man sie mit Eigenschaften wie Ehrlichkeit, Hilfsbereitschaft oder Ehrfurcht vergleicht: doch ist sie eine sehr praktische Tugend, ohne die kein Mensch im Leben weiter käme. Die Mutter muß in ihrem Hause auf Ordnung sehen, von der Tochter verlangt man im Geschäft oder im Büro unbedingte Ordnung, vom größeren Sohn oder vom Vater auf dem Hof, in der Werkstatt, auf dem Arbeitsplatz. Aber: Der erwachsene Hans kann nur das haben, was er als Kind erworben hat.

..... was Hänschen nicht lernt

Ein altes Sprichwort sagt: Jung gewohnt ist alt getan. Das gilt auch für das Ordnunghalten. Schon ehe die Kinder in die Schule kommen, können wir sie an Ordnung gewöhnen. So hält man das kleine Kind an, seine Spielsachen wieder an ihren Platz zu legen. Wenn das Kind in die Schule kommt, muß es an viele Ordnungsaufgaben gewöhnt werden: Es muß seinen Ranzen in Ordnung halten, seinen Bleistift und seinen Füller gebrauchsfertig haben, seine Bücher und Hefte sollen sauber sein. Auch die Gewöhnung an Pünktlichkeit setzt in früher Kindheit ein, wenn die Zeiten zum Essen, Schlafengehn, Austehen, Schulbeginn, Hausaufgaben usw. streng eingehalten werden.

Geduld! Viel Geduld!

Es gibt viele Eltern, die darüber klagen, wie unordentlich ihr Kind sei. Selbstverständlich lassen sich einige Kinder schwer, die anderen leicht, die einen früher, die anderen später zur Ordentlichkeit in bestimmten Dingen erziehen. Das ist aber doch kein Grund, daß die Eltern es aufgeben und sagen, ihr Kind sei eben "un - ordentlich veranlagt". Diese Eltern wissen nicht, daß die Gewöhnung zur Ordnung oft jahrelangen Mühens bedarf. Manchmal liegt es auch bloß daran, daß das Kind für die Anforderungen der Eltern noch nicht reif ist. Ein Beispiel dafür ist die Erziehung zur Reinlichkeit im Kleinkindalter. Manche Mütter wollen es schon beim einjährigen Säugling erreichen, daß er die Windeln nicht mehr naß macht. Es steht aber fest, daß das Kind die Fähigkeit trocken zu bleiben, erst im dritten Lebensjahr erwirbt. Wenn man erst dann mit der Sauberkeitserziehung anfängt, schaffen Mutter und Kind es schon oft in 2 oder 3 Wochen. Wieviele Erziehungsfehler und wieviel ungerechtes Strafen könnten dem Kind erspart bleiben, wenn die Mutter in früherer Zeit nicht zu übereifrig mit der Erziehung zur Ordnung gewesen wäre!(Und wieviel leichter hätten wir alle, Eltern, Lehrer und Kinder, Ordentlichkeit, wenn sich später noch die Mütter dieselbe Mühe gäben wie damels bei den Windeln!)

Wann kann das Kind selbst Ordnung halten?

Wenn die Eltern eng mit dem Lehrer zusammenarbeiten, könnte ähnlich verfrühte Erziehungsmaßnahmen leicht vermieden werden, da der Lehrer einen besseren Überblick darüber hat, was Kinder im allgemeinen von einem bestimmten Alter ab lernen können und was noch nicht.

Was nun Ordnungsliebe anbetrifft, kann man sagen: Erst von 10 Jahren an kann man verlangen, daß Kinder ohne dauernde elterliche Anweisungen ihren Körper pflegen, ihre Kleidung und ihre Sachen schonen und instandhalten und für Ordnung und Sauberkeit in ihrem Zimmer sorgen können. Ein großer Teil der Kinder über zehn Jahre muß dazu noch ständig angehalten und dabei beaufsichtigt werden.

Erziehung zur Ordnung beginnt also zunächst schon sehr früh damit, durch ständige Wiederholung dem Kinde Ordnungsgewohnheiten anzuerziehen. Es gilt die Mahnung: "Lerne Ordnung, übe sie!" In diesem Sprichwort sind ganz einfach die beiden wichtigen Grundsätzen enthalten, von denen gesprochen wurde: Ordnung muß und kann gelernt werden, auch bei schlechter Anlage dazu, und zweitens: Ordnung will geübt sein. Den größten Fehler, den man bei der Einübung von Ordnungsgewohnheiten machen kann, müssen wir vermeiden: Wir dürfen keine Ausnahmen zulassen. Geduldige Konsequenz ist unumgänglich. Dann geben wir den Kindern das, was man die "gute Kinderstube" nennt, von der man sagt, daß sie einem Menschen das ganze Leben anzumerken sei.

Mit Lob gehts leichter!

Selbstverständlich macht der Erzieher hierbei die Erfahrung, daß das Kind den Ordnungsanforderungen immer wieder mit Unlust begegnet. Es ist eben nicht so, daß der Mensch von vorneherein einen Trieb zur Ordnung mitbringt. Daher muß versucht werden, den guten Willen des Kindes auf andere Weise zu wecken. Durch eigene Mithilfe beim Ordnungmachen kann man den Nachahmungstrieb des Kindes anregen. Bei wichtigeren Gelegenheiten kann man kleine Belohnungen in Aussicht stellen. Überhaupt sind Lohn und Lob für das Lernen von Ordnungsgewohnheiten viel günstiger als ständige Strafandrohung und Tadel, da man gegen den inneren Widerstand des Kindes keine dauerhaften Ordnungsgewohnheiten aufbauen kann. Sind die Gewohnheiten nur mit Zwang aufgedrängt worden, wird das Kind die Gewohnheiten bald wieder abschütteln, wenn einmal kein Zwang mehr ausgeübt wird. So z.B. im Jugendalter, aber auch schon in der Schule, in der es ja keine körperliche Züchtigungen mehr geben darf. Hier gibt es denn auch in der Tat recht unordentliche Kinder: Sie sind gewöhnt, nur unter Druck zu folgen. Der Lehrer verzichtet auf diesen Druck, und das Kind versagt.

Wird das Kind älter, muß man in ihm immer mehr die Einsicht wecken, daß Ordnung notwendig und schön ist. So reift in ihm der Sinn für Ordnung und wächst die Freude an einer geordneten Umwelt heran.

Die Einsicht ist nicht mit einem Male da: wie leicht vergessen die Kinder, was man eben gestern mit ihnen besprochen hat. Wie schnell sind ihre Versprechungen und guten Vorsätze dahin! Wir können nur immer wieder geduldig zusprechen, oft genug erinnern und ruhig-sachlich darauf beharren, um vernünftige Ordnungsliebe bei den Kindern zu wecken.

Es ist klar, daß wir die ganze Schulzeit über damit Arbeit haben. Denn erst nach Beendigung des Kindesalters werden unsere Mühen belohnt.

Von Gimmersdorf nach Berkum

Vor dem endgültigen Abschied von meiner einklassigen Schule wurden die alten sechssitzigen Bänke aus massivem Buchenholz durch moderne quadratische Tische und Stühle ersetzt. Aus dem Katheder (Kiefernholz) baute ich eine Wickelkommode. Nach achtjähriger Arbeit in Gimmersdorf wurde ich Hauptlehrer an der benachbarten dreiklassigen Schule in Berkum. Ich übernahm die Oberklasse mit 48 Jungen und Mädchen.
Die Umstellung auf die neue Tätigkeit wäre umgekehrt sicher schwerer gefallen. Jetzt spürte ich erst, daß die neuen Anforderungen leichter und gründlicher zu bewältigen waren. Noch lange Zeit habe ich davon geträumt, daß ich in Gimmersdorf z.B. Naturlehre im 7./8. Schuljahr vernachlässigt hätte, daß die Klassen in dieser Woche zu kurz gekommen waren, daß ich mit dem Singen zuviel Zeit auf Kosten der Lesebucharbeit angesetzt hatte, oder daß ich in Geschichte nicht weiterkam. Ohne die Hilfen meines Vaters sowie meines Schwiegervaters und die Zusammenarbeit mit Heinrich Berges hätte ich diese Zeit nicht in so guter Erinnerung behalten. Es waren ja auch die ersten Jahre unserer jungen Liebe, aber auch die arbeitsreichsten und sicher die schönsten meines Lebens. Die beiden Berkumer Lehrerinnen teilten sich die übrigen Kinder in den Klassen erstes bis viertes und fünftes bis sechstes Schuljahr. In den ersten Jahren war der Schulbetrieb mit zwei Räumen nur schwer zu organisieren. Aber dann wurde eine notwendige Baumaßnahme zu unserer großen Zufriedenheit abgeschlossen mit einem Klassenraum, ausgestattet mit rechteckigen Tischen, Stühlen, einem Lehrerzimmer, Toiletten für Jungen und Mädchen mit getrennten Eingängen, einem großen Werkraum und für alle Räume einschließlich der Lehrerwohnung mit einer Zentralheizung. Das waren gute Voraussetzungen für ein gedeihliches Arbeiten im Dreierkollegium.
In Berkum konnte ich auch meine heimatkundlichen Interessen mit den Kollegen abstimmen und in der Oberklasse

Mädchen aus Gimmersdorf aus dem siebten und achten Schuljahr

Oberklasse der Berkumer Schule 1952 mit Antonie Grund und Carl Cüppers

entsprechend den Richtlinien einen „muttersprachlichen Gesamtunterricht" durchführen. Dabei blieb meine Verbindung mit meinem Nachfolger in Gimmersdorf, Wendelin Antz, und meinem Kollegen in Oberbachem, Bernhard Weisgerber, erhalten. Wir drei entwickelten für die Oberstufe einen Rahmenplan für das ganze Jahr: Unser Wald, In Feld und Flur, Der Rodderberg, Im Domsteinbruch, Braunkohle, ... Für die Arbeit in Gruppen standen Anschauungsmittel, Bücher (Erwanderte Heimat, Mannhefte, Nachschlageliste), Atlanten und Lexika zur Verfügung. Zahlreiche Unterrichtsgänge zum Rodderberg, Domsteinbruch, zum Förster, Krautkocher, Töpfer und Ziegelbäcker waren eingeplant.

Dabei ergaben sich Anschlußstoffe zu allen Schulfächern. Für die Aktion „Unser Dorf soll schöner werden" fertigten wir für mehrere Häuser Blumenkästen, und zusammen mit der Landwirtschaftskammer in Bonn pflanzten wir zahlreiche Obstbäume. Den Höhepunkt des Schuljahres bildeten die Sommerfeste im Domsteinbruch, zu denen

Vier Ländchenslehrer von links:
Franz Josef Heiliger
Bernhard Weisgerber
Wendelin Antz
Carl Cüppers

Brandmeister Neukirchen 1956

Die Väter der Schulkinder erwarten den Lehrer, von der Orgelbühne kommend, nach dem Hochamt zum Frühschoppen

die jungen Lehrer, die jährlich das „Landschulpraktikum" absolvierten, eine große Hilfe waren.

Auf dem Dach der dreiklassigen Volksschule in Berkum stand eine Alarmsirene. Samstags um 12 Uhr mittags mußte der Lehrer oder seine Frau den Alarm durch einen Elektroschalter auslösen. Ein einziges Mal sollte sie für einen Probealarm der freiwilligen Dorffeuerwehr eingeschaltet werden. Am Tag vorher besuchte uns der Brandmeister und bat uns, den Alarmknopf in der Frühe des nächsten Tages zu drücken. Die Zeit wurde für 5 Uhr morgens abgesprochen. Damit wir den Zeitpunkt nicht verschliefen, stellten wir den Wecker.
Meine Frau meinte: „Wenn wir schon um 4 Uhr die Alarmglocke ertönen lassen, dann wird auch der Brandmeister überrascht sein". Gesagt, getan.
Vom Schlafzimmerfenster aus beobachteten wir, wie in vielen Häusern die Lampen angingen. Wir malten uns aus, wie Brandmeister Neukirchen fluchte und den Lehrer, dem er diesen Scherz durchaus zutraute, verwünschte.
Zur Versöhnung spendete der Lehrer eine Runde und auch der Brandmeister konnte mitlachen über unseren gelungenen Schabernack, der dann mit allgemeiner Heiterkeit aufgefaßt wurde.

Abschied vom Drachenfelser Ländchen

Nach vier Berkumer Jahren verließ ich das Drachenfelser Ländchen und wurde 1959 Rektor der dreizehnklassigen Schule in Rheinbach. Ich hatte das Glück, hier eine bis dahin gut geführte Schule zu übernehmen und lernte bald auch die Vorzüge von Einjahresklassen kennen. Der Bau dieser schönen Schule, die 1954 mit einem Kostenaufwand von 600.000 DM fertig gestellt worden war, wurde von Anfang an als das „Schmuckkästchen" der Stadt gepriesen. Alle Klassenräume mit Laubengang sind in ovaler Form um einen gepflegten Innenhof angeordnet, dessen Schlußpunkt der Hexenturm bildet. Auf ein Zeichen konnten alle 500 Kinder aus ihren Klassenräumen heraustreten, um z.B. den Tag gemeinsam mit einem Lied zu beginnen. Das war mein erster Gedanke, als ich diese eindrucksvolle Anlage betrat, und ich denke besonders gern an unsere musikalische Arbeit und überhaupt an Kinder und Kollegen dieser zwar kurzen aber für mich und auch für meine Familie unvergesslichen Zeit.
Mit dem Rektoramt war in Rheinbach die Leitung des Volksbildungswerkes verbunden. Für jeden Monat war eine Veranstaltung in der Aula unserer Schule zu planen. Das brachte mich auch mit vielen Leuten aus der Stadt in Verbindung. Mit Herrn Oberstudienrat und Musiklehrer Pütz vom Gymnasium konnten wir einen Madrigalchor mit jungen Frauen und Männern gründen,

Innenhof der Rheinbacher Schule mit Hexenturm

Blick vom Hexenturm in den Innenhof

der mehrere Jahre in der Stadt und außerhalb ein großes Ansehen gewann. Außerdem wurde mir die Arbeit mit der Junglehrerarbeitsgemeinschaft übertragen, die mich wieder mit kleinen Schulen in Verbindung brachte und viel Freude gemacht hat.

Bei meiner Verabschiedung am 13.4.1961 hatten meine Schüler das letzte Schuljahr mit allen Ereignissen zusammengefaßt und auf mannigfache Weise vorgetragen und dargestellt. Mir waren ihre Vorbereitungen und Proben für den Abschied nicht verborgen geblieben, aber ich hätte nie für möglich gehalten, was ich da alles über mich, am meisten aber auch über meine Eigenheiten und Schwächen erfahren habe. Als Erinnerung daran schenkten sie mir eine Kladde, in der sich jeder durch einen besonderen Beitrag verabschiedete:

„Das Echo des Jahres"

Sie hören: Notizen, Skizzen, Berichte und lustige Anekdoten eines im Fluge vergangenen Schuljahres mit und um unseren Klassenlehrer Herrn Rektor Carl Cüppers.

Bei einer Besprechung mit den Lehrerinnen der dritten und vierten Schuljahre machte ich ihnen den Vorschlag für einen Versuch:
„Ich komme morgen nach der Pause in ihre Klassen und überreiche allen Kindern einen großen Bogen Papier mit Linien. Zu den Kindern sage ich: Liebe Kinder, ich habe gehört, dass ihr schon ganze Geschichten aufschreiben könnt. Heute dürft ihr für mich einmal alles aufschreiben, was ihr von Rheinbach wißt, und was ihr hier schon alles erlebt

Laubengang im Innenhof der dreizehnklassigen Schule

Mein Freund,
der Rheinbacher Studienrat Eduard Pütz

habt. Ich schreibe euch die Überschrift an die Tafel: In Rheinbach kann man viel sehen und erleben".

Ich habe dann aus 80 Schülertexten eine Zusammenfassung aller alterstypischen Redewendungen und Stilblüten verfaßt, die ich in meine Abschiedsrede einflechten konnte.

In Rheinbach kann man viel sehen und erleben

An der Stadtmauer kann es jeder sehen, daß Rheinbach schon alt ist, denn darauf wächst schon das Moos. Rheinbach wurde von Karls Vater des Großen gegründet und unter der Herrschung von Pipin entdeckt und als Dorf erklärt. Das war im Jahre 1764 oder 764. Das Dorf wurde dann im Jahre so und soviel zur Stadt erklärt. Und weil die anderen sie immer bestehlen wollten, umzingelten sie die Stadt mit vielen Wänden, aber auch weil sie schlimmen Krach mit der Stadt Thürlingen hatte. Auch eine Burg hatten wir. Auf der wohnten Grafen und Ritter. Sie überfielen schon mal die Kaufleute! Das war eine Zeit! Graf und Gräfin wollten gerne ein Kind. Eines Tages beteten sie und am anderen Morgen hatten sie ein Kind. Eines Tages befahl der Graf, das Kind und die Wiege in den Brunnen zu schmeißen. Wer die Wiege herausholen will, muß sich ein Schloß vor den Mund machen. Das ist die Geschichte von Rheinbach, und noch mehr, die Feinde kamen immer die Aachener Straße herunter geritten. Der Ritter von der Burg sagte: „Ihr könnte heute nicht bei uns schlafen, ihr klaut ja nur". Dann sagten die Krieger: „Dann gebt uns ein paar Fässer

Botanischer Schulausflug mit Rheinbacher Jungen

Bier". Das tranken sie dann immer auf der Krieger Straße. Die Mönche und andere Leute wurden oft überfallen. Einmal fuhr ein Mönch zu einem Ritter und sagte, er möchte sich auf Wache stellen und die Gangster verhaften. Das ist alles in Rheinbach passiert. Die ersten Einwohner siedelten sich hier an, um ein feines Leben zu führen. Aber sie wurden von vielen Ländern besetzt. Deshalb bauten sie einen Hexenturm. Es wurde noch die Marienkirche gebaut und dann wurden im Hexenturm die Hexen verfolgt. Es wurden die Leute verbrannt, die nicht schön aussahen. Das waren anscheinende Hexen. Wenn einmal bei einem Bauern eine alte Frau vorbeikam und der Bauer das sah, und nach acht Tagen eine Kuh krepierte, ging der Bauer auf die Burg und sagte Bescheid, es wäre eine Hexe bei ihm gewesen. Sie glaubten ihm und der alten Frau wurden Daumenschrauben gesetzt. Einige wurden auf dem Prümmerwall verbrannt, der heißt heute Kirmesplatz. Das war schlimm. Vor 30 Jahren war in Deutschland ein Krieg, den der Bundeskanzler Hitler angestiftet hat. In dem Krieg ist Hitler selbst umgekommen. Jetzt haben wir für den Drecksack einen neuen Bundeskanzler. Im Jahre 1960 wurde im Rheinbacher Wald ein dickes, fettes Wildschwein geschossen. Im Kriege war auch ein schwarzer Tag von Rheinbach. Als ich auf die Welt kam, war es in der Stadt sehr ruhig, im Osten war noch keine Ruhe. Die Menschen hatten noch große Angst. Ich könnte auch noch zwei Türme nennen, in einem wohnt meine Oma, da haben wir Kuchen gegessen. Die Stadt erlebt einen Wirtschaftssprung. Es sind immer mehr Gastwirtschaften da. Man sieht viel Betrunkene aus der Wirtschaft kommen. Man sieht aber auch viele hinein gehen. Auch die Hotels sind gut angebracht, man wird dort immer froh empfangen. Es wurden auch viele Häuser gebaut, damit die Menschen ihre bruchfälligen Häuser verlassen können. 1961 wurde das Fachwerkhaus neben der Kirche nach altem Herkommen wieder errichtet. Rheinbach hat nebenbei ein Kino, Jugendheim und zwei öffentliche Kapellen. Unsere Stadt besitzt auch ein Rathaus. Es ist sehr antik. An der Spitze der Stadt liegen der Bürgermeister und Herr Dr. Römer. Im Amtsgericht sitzen viele Herren und viele Damen. Rheinbach hat eine Apotheke, die ist eine der 12 schönsten Europas. Auf einmal planten sie eine KAB-Siedlung und eine Papageien-Siedlung, wo viele bunte Häuser stehen. Es stehen hier auch noch viele altertümliche Werke. Wenn man die Geschäftshäuser betritt, so kommt man in den Laden. Wenn man aber durch die Seitentür tritt, geht man in den Hof und in den Kuhstall, denn die Landwirtschaft ist sehr groß vertreten. Sie bleibt in Rheinbach erhalten, und wird nicht von den anderen Geschäften überrannt. Hinter der Fassade der Hauptstraße sind Ställe und Feldgeräte. Die Rheinbacher Bauern haben viele Kühe und andere Sachen. Auch mein Vater hat einen Bauernhof. Rheinbach hat auch einen Autoschlosser, das ist mein Onkel. Die Preise in den Geschäften sind teuer. Die Stadt hat viele brauchbare Lebensmittelschäfte. Im Sommer gibt es vier Eis-Lazarinen. In einem sind Möbel ausgestellt. Früher kannte man die Eis-Lazarinen noch nicht. Die Leute wohnten in alten Hütten, da kann es ja noch kein Eis geben. In einer Siedlung ist der Sportplatz. Er ist sehr beliebend. Postämter gibt es hier nur eins, aber wir sind sehr damit zufrieden. Das Wasserwerk ist für uns sehr notwendig, wenn das nicht wäre, dann wäre das Rheinbacher Wasser sehr schön schmutzig. Hier ist auch ein Wasserturm und eine Hecke, die den Wasserturm umkreist. Eine Kirche steht auch noch in Rheinbach, und dahinter wohnt der Dechant, der einen Kaplan Friedrich hat. Im Krankenhaus liegen viele Kranken und Schwestern. Sie sind entweder herz- oder magenkrank. Dr. Fassbender kann ihnen vielleicht noch helfen. Sonst müssen sie dableiben. In den letzten zwei Wochen fand hier eine große Erkältung statt. Alle Betten sind voll. Der alte Bau ist die Station für Mandeln. Der Kindergarten ist jetzt sehr schön, aber ich behaupte nicht, daß der alte Kindergarten nicht schön ist. Mitten im Waldrand liegt das Soldatenlager, das sehr viel Platz einnimmt. Die Bundeswehrsoldaten haben ihre eigene Kirche und ihren eigenen Pfarrer, ihr eigenes Kino und eine vorzügliche Speisekarte. Die Autofabrik, die gebaut werden soll, ist bankrott. Viele Keramiken bieten den Einwohnern eine gute Besichtigung. Auch die schöne Kunst der Glasfachschule hat sich in Rheinbach niedergelassen. Mancher Flüchtling hat es schon soweit gebracht, daß er ein angesehener Mann geworden ist, so der Herr Krause mit seiner kleinen Hütte. In Rheinbach wohnen aber auch fünf Rechtsanwälte. Ich glaube, darum hat Rheinbach auch ein eigenes Zuchthaus. Da sitzt ja noch ein Kriegsverbrecher drin. Außerdem hat die Stadt 12 öffentliche Uhren. Eine ist am Bahnhof, der sehr schäbig ist. Er ist noch aus dem Mittelalter, aber er genügt uns und durch ihn ist Rheinbach gut zu erreichen. Wenn man auf den Bahnhof geht, kommt man an einer Theke vorbei, wo die Männer stehen. Viele aus Rheinbach haben ein Fernsehen, zum Beispiel wir.

Unsere Schule ist schon sehr alt. Sie wird in diesem Jahre 1200 Jahre alt. Sie war früher eine Burg. Wir freuen uns immer auf die Schule, denn es hat einen Zweck. In der Schule ist Trauer über Luisenthal, ich hoffe, daß das bald aufhört. Die Lehrer sind nicht alle aus Rheinbach. Sie kommen auch aus Mohrenhoven und Stotzheim. Die Lehrer sind gut, aber sie geben zuviel Hausaufgaben auf. Die evangelischen Kinder gehen in eine Hilfsschule. Sie heißt „Villa Maria". Bald kommen sie aus dem stinkigen Kabüffgen heraus in die neue Schule. Nebenbei hat Rheinbach ein Pensionat für Lehrerinnen. Es gibt auch ein Gymnasium. Viele kommen wieder zurück. Im Konflikt die Jungen wollen Pastor werden. Der Gräbach ist ein schöner und breiter Fluß. Im Kinderheim sind Kinder aus Köln und Bonn, wenn die Eltern wenig Zeit haben. Rheinbach hat so und soviele Einwohner. Zwei davon sind meine Freunde und ich. Rheinbach hat auch fünf Klatschweiber. Die Straßen sind sehr fahrbar. An der Hauptstraße stehen die Schülerlotsen und halten den Verkehr auf. Als ich nach Rheinbach zog, da war der Bürgersteig noch nicht fertig. Ich wohne auf einer dreckigen Straße. Nach Todenfeld ist eine knubbelige Straße mit Schlaglöchern, die sind noch vom letzten Krieg. Wir haben auch noch fünf Bombenlöcher in Rheinbach. An den Festen ist immer viel los. Dann führen uns die Vereine ihre Sitten vor. Zum Schluß bleibt noch der Wald, wo die gesunde Luft ist. Wir haben ein Liebespaar auf der Bank beobachtet. In der Stadt wohnen auch viele Ausländer. Die Einwohner vermehren sich jeden Tag. Ich hoffe, daß ich hier noch ein langes Leben führe. Zum Schluß möchte ich noch sagen, daß es in diesem Jahre viel geschneit hat. Rheinbach ist die schönste Stadt, die ich kenne. Hier ist Frieden. Rheinbach ist mein Vaterland.

Schulrat im Rheinisch-Bergischen Kreis

Pünktlich kam ich zum Dienstantritt, und schon war ich voll beschäftigt. (Junglehrer AG, Schulleiterkonferenzen, zweite Prüfungen, Kontakte mit Seminar, Lehrgänge, Miekätzchenkurse, Praktikum, neuntes Schuljahr). Kollege Weitershagen verwaltete die Schulen in Bergisch Gladbach, Bensberg und Porz. Ich war verantwortlich für Haupt- und Grundschulen in den ländlichen Bezirken bis hin nach Wipperfürth. Dazu kamen Sonderschulen für lern-, körper- und geistigbehinderte Kinder. Es dauerte eine Zeit, bis ich alle Schulen gefunden hatte. Ich stellte fest, daß überall fleißige Lehrerinnen und Lehrer am Werk waren. Jetzt holte mich die einklassige Schule wieder ein. Ich hatte schon lange befürchtet, daß sie aufgelöst werden sollte. Es war beschlossene Sache, und ich wurde beauftragt, die Auflösungen vorzubereiten. Das war für mich keine angenehme Aufgabe. Alle einundzwanzig Schulen waren mit erfahrenen Lehrern, die einst freiwillig diese schwere Arbeit übernommen hatten, besetzt. Man nannte sie „wenig gegliederte Lehrer" oder „alleinstehende Lehrer". Alle einundzwanzig waren stolz auf ihre kleine Schule. Die meisten hatten weniger als vierzig Kinder, und die Leistungen der Schüler ließen sich mit den Erfolgen der großen Schulen vergleichen. Die Lehrer hatten eine eigene AG gegründet und tagten monatlich. Sie kämpften für ihre Anerkennung und höhere Besoldung.

Es war ein langer Prozess, Lehrer, Eltern und Gemeindeverwaltung von der Notwendigkeit der Auflösung ihrer kleinen Schulen zu überzeugen. Man nannte sie verächtlich „Zwergschulen". Es war mir schon recht, daß unser Oberkreisdirektor Dr. Scholtissek sich bemühte, die Vorzüge einer großen Schule darzustellen: neue Schulräume, Turnhalle, Werkräume, Kochküche, Schwimmbad, und für jedes Fach einen anderen Fachlehrer. Manche Eltern wollten wohl zustimmen, aber das Transportproblem stieß überall auf großen Widerstand. Und wie arm wird ein Dorf, wenn es keine Schule mehr hat.

Um diese Zeit hatte ich ein Schlüsselerlebnis. Ich fuhr auf den Hof einer zweiklassigen Schule in Schlingental, als gerade Wandtafelbilder aus dem Speicherfenster in einen bereitstehenden Container flogen. Das erste Bild, das ich aufrollte, war ein gut erhaltenes Sommerbild, das mir aus meiner Jugendzeit noch bekannt war. Es landete mit sechsundzwanzig anderen Bildern in meinem Kofferraum. Dann fand ich noch ein altes Lesebuch: Neueingerichtetes Lesebuch für Deutsche Schulen. Neueste Auflage, Elberfeld bei Samuel Lucas 1816. Auf dem vorderen Innendeckel in Handschrift: Sophia Lenges auf Raderberg hört dieses Buch......findet, muß es....wer es nicht thut, ist ein Dieb. 1816. Auf dem rückwärtigen Innendeckel: Sophia Lenges bin ich genannt, mein Leben steth in Gottes Hand, wann ich sterbe, dann bin ich Tot, dann bin ich Tod. Helene Lenges Lenchen

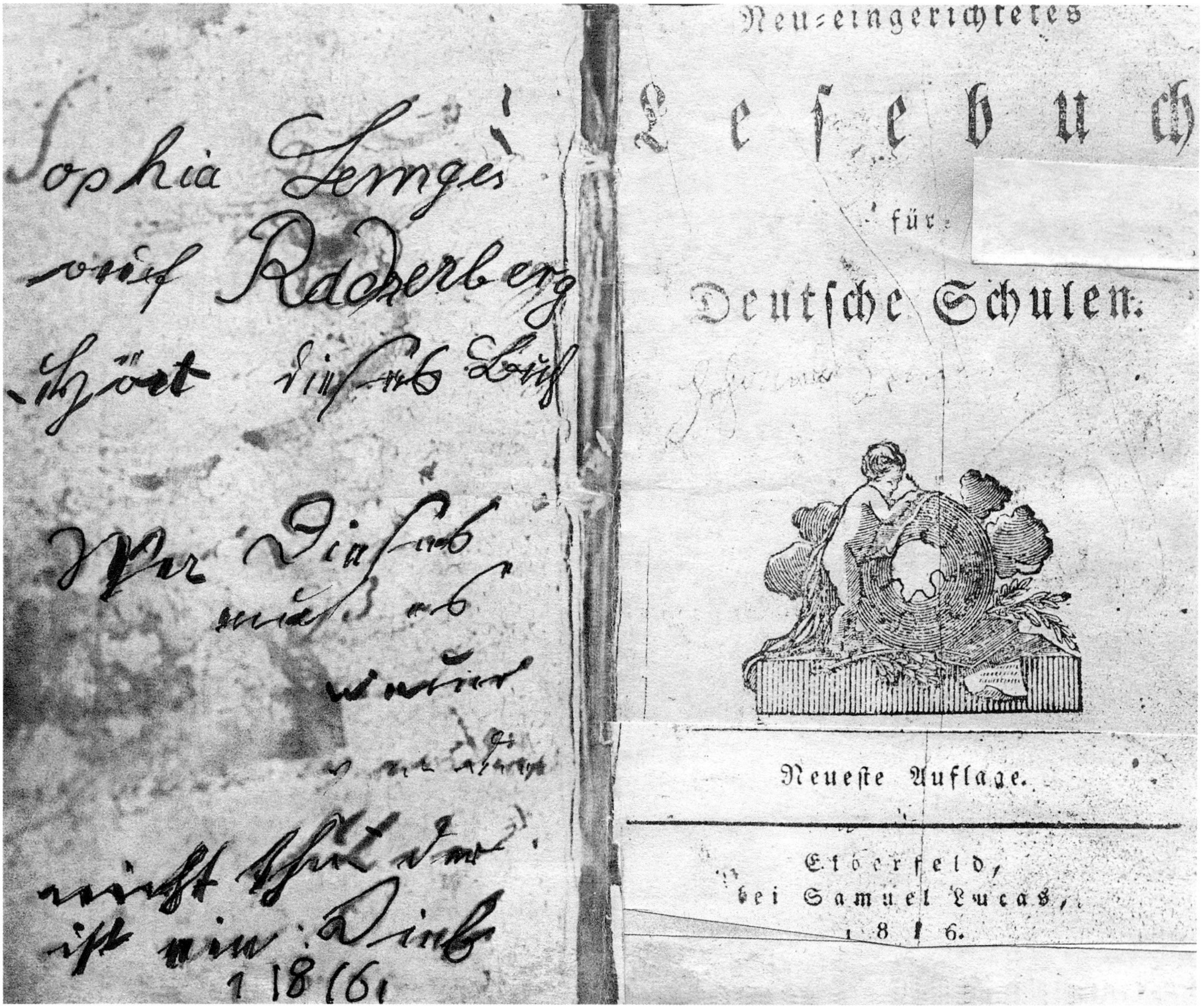

Mein erstes Sammelobjekt

Wandtafelbild, aus dem Müll gerettet

Dann las ich den Vorbericht, unterschrieben von der „Wittwe" des Verfassers, Mülheim am Rhein, den 18. Juni 1810. Das erste Kapitel hatte die Überschrift: Buchstabir = und Leseregeln. Ich stand auf dem Schulhof und blätterte vorsichtig weiter. Das war die Geburtsstunde meiner Sammlung. Jetzt begriff ich: Wir sind dabei, wichtige Dokumente unserer Kulturgeschichte zu vernichten. Von dem Tage an versuchte ich zu retten, was noch zu retten war. Als Schulrat hatte ich leichten Zugang zu Keller- und Speicherräumen. Gott sei Dank gab es auch weniger eifrige Hausmeister, welche die Vorschriften für Entrümpelung nicht so genau durchgeführt hatten. Es sprach sich in den Schulen herum: Der neue Schulrat nimmt alles mit, was nicht mehr gebraucht wird. Er war schon auf dem Speicher, ehe er das

Klassenzimmer betrat. Erst später habe ich erfahren, daß manche Kollegen verwundert waren; aber auch sie konnte ich leicht überzeugen. Die Hausmeister waren meine besten Freunde. Sie brauchten Platz. Was da alles zum Vorschein kam! Ich habe klein angefangen: Fleißkärtchen, Spucknapf, Lesebücher, alte Bildserien und Fotos. Dann wagte ich mich an die Schulmöbel. Oben auf meinem VW war ein Gepäckträger, der sogar Schränke und Bänke transportierte. Mein Keller war bald zu klein, und ich suchte Schulkeller in Gladbach und Bensberg, die noch aufnahmefähig waren.

Einmal in der Woche half mir Herr Wachtmeister Steinbach von der Verkehrserziehung mit seinem Lastwagen, in dem er Kinderräder für die Fahrradprüfungen transportierte. Wir schoben sie etwas zusammen und luden Nähmaschine, Kartenschrank, Kanonenofen und Harmonium ein. Manchmal fuhren wir auch durch ein Dorf, in dem der Sperrmüll auf der Straße stand. Dann mußte er still halten. Er blieb im Auto und ließ mich hinten allein einladen. Manche Leute hätten sicher verwundert zugesehen, wie ein Polizist in Uniform Sperrmüll einlud.

Die Führung einer einklassigen Schule lag meist in den Händen der Männer. Sie mußten alle Fächer in allen Stufen selbst erteilen. Nur Katechismus verblieb beim Herrn Pastor. Die größte Schwierigkeit lag für den Lehrer darin, daß alle acht Jahrgänge gleichzeitig in einem Raum und zu gleicher Zeit unterrichtet wurden. Das erforderte vom Lehrer ein durch lange Erfahrung zu gewinnendes Organisationstalent. Aber auch die Kinder mußten lernen, daß in Einzelarbeit und in Gruppen strikt alle festgelegten Regeln zu befolgen waren. Ohne Ordnung und Disziplin und ohne gegenseitige Rücksichtnahme konnte keine freundliche Atmosphäre aufkommen; wenn Ruhe nur durch dauernde Ermahnungen und Strafandrohungen erzielt werden sollten, erlischt jede Motivation und Freude am Lernen. Zwischen Lehrern und Schülern muß sich ein Zusammenspiel entwickeln. Es ist verständlich, daß viele Lehrer bei diesen Anforderungen gescheitert waren. Bei Klassentreffen nach fünfzig Jahren habe ich festgestellt, daß meine Schüler sich am liebsten erinnerten an das damalige Fach Heimatkunde. Dabei wußte ich nichts von meiner neuen Umgebung und habe zusammen mit den Kindern geforscht und gelernt. Aus diesen auch für mich neuen Inhalten haben wir erdkundliche, naturkundliche und geschichtliche Einsichten gewonnen und vom Nächstliegenden aus die weite Welt in das Klassenzimmer geholt.

Die Kinder erinnerten sich an unsere Wanderungen, an Theateraufführungen, an die vielen Lieder und Gedichte und die Gelegenheiten, an denen die Schule sich in die kirchlichen und dörflichen Feste und Feiern einbezogen hat. Es ist mir heute auch klar, daß ich nicht alle Fächer mit der gleichen Freude unterrichtet habe. Ich weiß genau, in welchen Fächern ich ein schlechtes Gewissen haben muß. Meine Lieblingsfächer wurden auch zu den Lieblingsfächern der Kinder.

Was für mich selbst einen starken Erinnerungswert hat, ist die Verbundenheit mit dem Dorfleben. Die kleine Schule in einem kleinen Dorf war für den schwer verwundeten Soldaten eine willkommene Möglichkeit, die Schrekken des Krieges zu vergessen und eine sinnvolle Tätigkeit zu finden, die er mit ganzer Kraft angenommen hat.

Ich schließe dieses Kapitel über die einklassigen Schulen mit Bernhard Weisgerber, dem Freund und lieben Gefährten in den Nachkriegsjahren im Drachenfelser Ländchen: „Die „Zwergschule“ gibt es nicht mehr, und sie wird auch nicht wieder auferstehen. Doch die Idee und Methode, die an dieser kleinen Schule entwickelt worden war, hat überlebt und auch in den großen Instituten ihre Wirksamkeit und Brauchbarkeit bewiesen. Mancher Lehrer hat sie weitergetragen bis in die Gegenwart. Mag der Strom auch breit und träge dahinfließen – manche Quelle sprudelt munter bis auf den heutigen Tag“.
(Zwergschulen im Drachenfelser Ländchen, Heft 19, Herausgeber Heimatverein Niederbachem)

Dat es doch net schlemm

Meine beiden Brüder, ein Gärtner und ein Professor, und meine beiden Schwestern, zwei ehemalige Sekretärinnen und heute schon Großmütter, kamen zu meinem Namenstag nach Bergisch Gladbach. Sie waren auch neugierig, mein neues Wirkungsfeld kennen zu lernen, und ich führte sie in das Großraum-Verwaltungsgebäude des Kreises, wo wir drei Schulräte untergebracht waren. Das war etwas Neues für sie, und der Gärtner fragte sogleich: „Haben die wirklich alle hier genug „Werk?“ (genug zu tun)

In der Kantine saßen wir am Tisch mit bergischen Männern und Frauen und kamen schnell ins Gespräch. Eine meiner Schwestern erklärte: „Wir kommen aus der Eifel, wir sind schon früh aufgestanden". Darauf antwortete eine ältere Frau: „Dat es doch net schlemm!"

Wie geht es denn sonst noch?

Wir saßen alle vergnügt beim Abendbrot: Vater, Mutter, unsere drei Mädchen und unser Besuch, der Großvater aus Stockheim.
Da ging die Hausklingel 1, 2 und 3 mal. „Nanu!" sprach ich und erhob mich, um dem späten Gast zu öffnen. Drinnen hörte man mich sprechen mit einem Unbekannten. „Da kommen sie erst mal herein", sprach ich und führte den unbekannten Gast in die Küche. Hier wiederholte der sein Anliegen. „Wir stehen unweit von hier auf der Straße und können nicht weiter, da das Benzin alle ist. Ich kann nicht in unser Haus, da meine Frau nicht da ist. Können sie mir bitte zwanzig Mark leihen?" So etwas war noch nie dagewesen! „Zwanzig Mark leihen?", sprach ich. „Ja, sie sind ja der Herr Kremer, der uns eine Gartenleine zum Einstand in unser Haus durch seine Enkelin geschickt hatte". – „Natürlich leihe ich ihnen zwanzig Mark". Ich kramte in meiner Geldbörse und kriegte gerade mal zwanzig Mark zusammen und überreichte ihm das Geld. Jetzt stand er da und schien etwas verlegen. Nach einer Pause sagte er dann: „Wie geht es denn sonst noch?" „Zwanzig Mark leichter", sagte ich, und dann lachten alle. Als er draußen war, sprach der Großvater: „Diese zwanzig Mark seht ihr niemals mehr wieder".
Nun, es sei gleich gesagt: Kurze Zeit später hatte er die zwanzig Mark zurückgebracht und für jedes Kind noch eine Tafel Schokolade.
Nach 14 Tagen kam er nochmal und wollte das Geld zurückgeben. „Aber sie haben das Geld schon zurückgegeben", sagten die Kinder. Er konnte sich nicht erinnern und schenkte jedem Kind wieder eine Tafel Schokolade.
Als unser Großvater das hörte, sagte er: „Er bereitet eine größere Anleihe vor". Dem war aber nicht so. Er starb noch im selben Jahr.
Ich hatte unseren Großvater eingeladen, mit den Lehrern eine Wanderung um eine Talsperre zu machen. Er ist ein erfahrener Botaniker und sollte uns die blühende Flora erklären. Mittags aßen wir Erbsensuppe mit Wurst. Sie kostete 4 Mark. Beim Bezahlen schaute ich erst in meinen Geldbeutel. Dann sah ich in seinem Geldbeutel ein Fünfmarkstück und nahm es nur heraus. Er schaute mich an und sagte: „Wie geht es dann sonst noch?" Nun, da war dieser Satz zum erstenmal angewendet und er sorgt seit vielen Jahren bei ähnlichen Anlässen immer für allgemeine Heiterkeit.

Von der Freude am Sammeln

Ich gebe zu, dass mich das Sammeln eine ganze Weile stark in seinen Bann genommen hatte. Aber ich war überzeugt davon, dass ich jetzt und sofort dafür verantwortlich war, dass die Dokumente über die lange Geschichte der einklassigen Landschulen nicht verloren gingen. Deshalb war ich ganz bei der Sache und glücklich zugleich, dass ich sozusagen auserwählt war, jetzt die Möglichkeit meines neuen Amtes zu nutzen. Dazu kam noch, dass viele Sammelstücke für mich alte Bekannte aus der Eifelschule waren, und das Wiedersehen mit ihnen mich beflügelte, sie mit Ehrfurcht zu betrachten und zu bewahren. Die Lust des Stöberns und Entdeckens auf Schulspeichern und in Kellerräumen war so erfolgreich, dass ich täglich neue Quellen entdecken wollte und überraschende Fundstücke zu Tage brachte. So eine kleine Tischorgel, auf der eine Lehrerin das Spielen von ihrem Vater erlernt hatte. Oder eine Fingerzählmaschine mit zehn Fingern aus Blech, die man von der Rückseite bedienen kann. Ein besonderes Rechengerät für die einklassige Schule, das für vierzig Schulwochen den für alle Schuljahre differenzierten Stoff für das tägliche Kopfrechnen bereitstellte und leicht zu bedienen war. Die vor dem Verfall geretteten Wandtafelbilder, die zum Teil von Mäusen angefressen waren, bilden heute einen Schatz von über sechstausend Exemplaren. Sie werden von Frau Kolloch betreut. Heinrich Trier hat die Gestelle für ihre Aufbewahrung aus Wasserleitungsrohren gebaut. Magdalene Trier und Renate Seidler sind die Stickmeisterinnen, die mit ihren Schät-

Vorführung der historischen Fingerzählmaschine

zen einen ganzen Raum wie eine Wunderkammer und ein Kuriositätenkabinett geschaffen haben.

Auch alte Bücher haben für mich eine große Anziehungskraft. Unsere Bibliothek beinhaltet eine stattliche Anzahl alter Schätzchen, deren genaue Zahl ich nicht beziffern kann. Ich weiß nur, dass einhundert alte Fibeln in einem Panzerschrank auf ihre Präsentation warten. Es ist ein Genuß, eine komplette Lehrerbibliothek im Glasschrank zu bewundern. Werner Völkel, Karl-Heinz Frings, Lilo Lycke und Heide Schiebel betreuen sie. Rotraut Lange kümmert sich um beschädigte Bücher. Helmut Rosenbach wies sie in diese besondere Kunst ein. Mit besonderer Aufmerksamkeit habe ich alles, was Lehrer selbst angefertigt haben – Lese- und Rechenmaschinen, Stillarbeitsmittel - gesammelt. Fritz Kaiser hat ihre Betreuung übernommen. Auch die zahlreichen Diaserien in 8,5 mal 8,5 cm Glasrähmchen waren schon lange entbehrlich. Sie füllen in unserem Depot mit ihren Epidiaskopen ein ganzes Zimmer. Sie wurden alle von Hans-

Rechenklappe für die einklassige Schule

Joachim Andersen beschriftet und registriert. Sein Nachfolger ist Sieghard Pudmenski. Jetzt bedient Joachim Joppich einen Computer und bringt Ordnung in die große Fotosammlung, die Heinz Hansen angelegt hat. Fritz Kaiser, Karl-Heinz Frings, Rotraud Lange, Heide Schiebel, Magdalene und Heinz Trier, Renate Seidler und Ursula Kolloch halten Schule und machen Führungen. Für unsere Einnahmen und Ausgaben ist Wolfgang Hartmann zuständig. Die Sammlung wurde in vielen Jahren von mir und den Mitarbeitern durch „Schnäppchen" von Floh- und Antiquitätenmärkten bereichert.
Einmal sollte ich für ein Kaiserfamilienbild zweihundert DM bezahlen. Leider hatte ich mich vorher zu sehr für das gerahmte und farbige Bild begeistert ausgesprochen. Auf meine erstaunte Frage, warum es so unangemessen und unverschämt teuer sei, antwortete der Händler: „Luur ens, wieviel Mann do drop sin!" Heute weiß ich genau, wie man Antiquitäten kauft. Trotzdem habe ich das Bild damals schon einhundert Mark heruntergehandelt.

Kaiserfamilie 1908.
In der oberen Reihe die sechs Söhne des Kaiserpaares v.l.n.r.: Prinz Joachim, Prinz August-Wilhelm, Kronprinz Friedrich-Wilhelm, Prinz Eitel-Friedrich, Prinz Adalbert, Prinz Oskar. In der Mittelreihe sitzend: Seine Majestät Kaiser Wilhelm II., Kronprinzessin Cecilie mit Prinz Louis Ferdinand (im Steckkissen), Prinzessin Sophie-Charlotte, Prinzessin Adelheid, Ihre Majestät die Kaiserin Auguste Victoria.
Vorne sitzend: Die Tochter des Kaiserpaares Prinzessin Victoria Luise.
Vorne stehend: Prinz Wilhelm.

Dem Sammler lieb und „teuer“: Die kaiserliche Familie

Meine Mutter (*1894) kannte alle Namen der dargestellten Personen.
Die älteren Besucher unseres Schulmuseums, deren Schulzeit schon lange zurückliegt, erinnern sich plötzlich an längst vergessene Erlebnisse, und sie berichten z.B. über die Eigentümlichkeiten und Gewohnheiten ihrer Lehrer. Dabei kommen auch oft schlimme Geschichten zu Tage, so daß man sich als Lehrer beim Anhören schämen muß. Eine Frau sagte: „Als ich hereinkam, sah ich sofort den Schulschrank, in den mich Fräulein Höfer mit Gewalt im ersten Schuljahr einschloß, weil ich

Und sie wächst immer noch: Die Sammlung der Wandtafelbilder

Frühling wiederholt ohne 'h' geschrieben hatte. Ich merkte, wie mein Herz geklopft hat". Oft tröste ich mich dann und sage, daß man vergessen muß; vielleicht hat man Fräulein Höfer als Kind selbst in den Klassenschrank eingeschlossen! Ich mußte daran denken, daß auch ich in der Grundschule Frühling ohne 'h' geschrieben habe. Fräulein Roggendorf schrieb an die Tafel: Frü‿h‿ling. Die ganze Klasse las dann im Chor im Walzertakt. Das ist unüblich – aber es hilft! Ich habe es als Lehrer in der Volksschule ausprobiert!

Eine große Freude ist es für uns, wenn ältere Gäste sich erinnern, daß sie zu Hause noch Schulsachen verwahren, und daß ihre Kinder kein Interesse daran zeigen. So brachte ein Herr aus Brilon ein Zeugnisheftchen aus dem Jahr 1860. Frau Lycke trennte sich von der behüte-

Kostbarkeiten der Sammlung

Reich verzierter Schulheftdeckel (Vorderseite), um 1850

Rückseite

Vieles haben die Besucher dem Museum geschenkt

ten Schultasche ihrer Großmutter. Darin lagen sorgfältig eingebundene Hefte und Bücher. Aus unserer Fotosammlung entnehme ich ein Kommunionbild mit sieben schwarz gekleideten Mädchen in langen Kleidern, mit Kränzchen und Sträußchen. In beiden Händen halten sie das neue Gebetbuch. Die sechs Jungen stehen im schwarzen Anzug, mit Stehkragen und Fliege und einem Männerhut mit steifen Krempen. Der Lehrer im schwarzen Gehrock mit Zylinder, die Lehrerin, ernst dreinblickend wie alle, mit einem breitrandigen hellen Hut, der sicher mit langen Hutnadeln im Haupthaar verankert war (siehe Seite 121).
Auf einem Antiquitätenmarkt fand ich genagelte Schuhe, eine Botanisiertrommel, eine komplette Lehrerpfeife und sogar einen Spucknapf. In Holland gibt es neben dem bekannten Schulmuseum

Blick in unsere „Wunderkammer“

Griffelsortiment

Aus dem umfangreichen Fotoarchiv des Schulmuseums Bergisch Gladbach

in Rotterdam viele kleinere Sammlungen und Flohmärkte. Ich entdeckte ein Stereoskop. Der Händler wollte vierzig Euro dafür haben. Das war mir zu teuer, und ich legte es wieder aus der Hand. Nachdem ich alle Stände abgeklappert hatte, kehrte ich zurück zum Stereoskop. Ich nahm es in die Hand und wollte ein Glasbild betrachten; aber ich legte das Stereoskop schnell wieder ab und sagte zum Händler: „Mir fehlt das rechte Auge, ich kann deshalb nicht räumlich sehen". Das interessierte ihn. „Was, haben Sie nur ein Auge? Ja, dann kriegen Sie es für die Hälfte!"
Im letzten Sommer habe ich ihn wiedergetroffen. Er sammelt seitdem für mich – Griffel, Schiefertafeln, Tintenfässer und Griffeldosen.

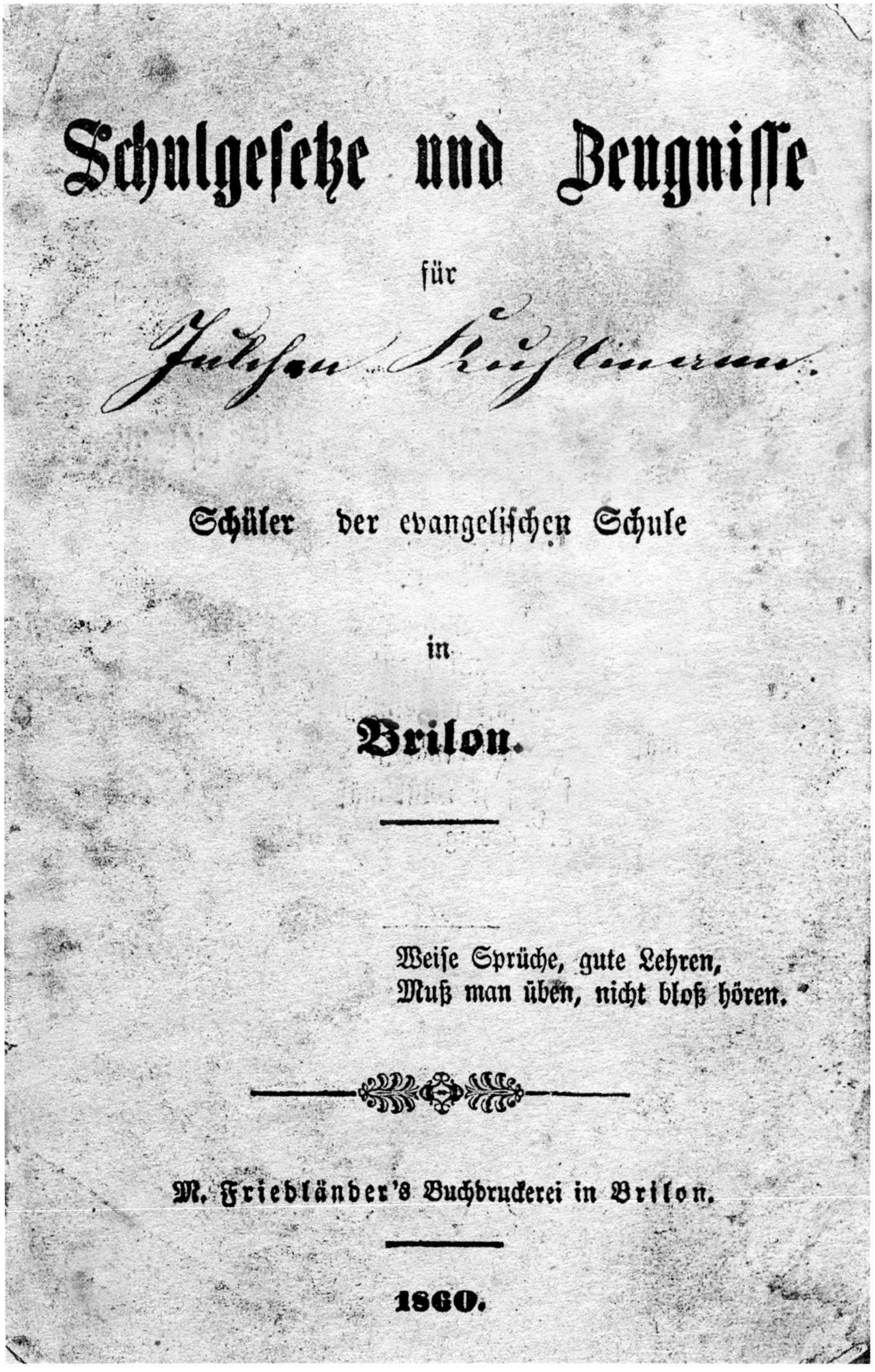

Schulgesetze und Zeugnisse

für

[illegible]

Schüler der evangelischen Schule

in

Brilon.

Weise Sprüche, gute Lehren,
Muß man üben, nicht bloß hören.

M. Friedländer's Buchdruckerei in Brilon.

1860.

Beispiele aus unserem umfangreichen Archiv

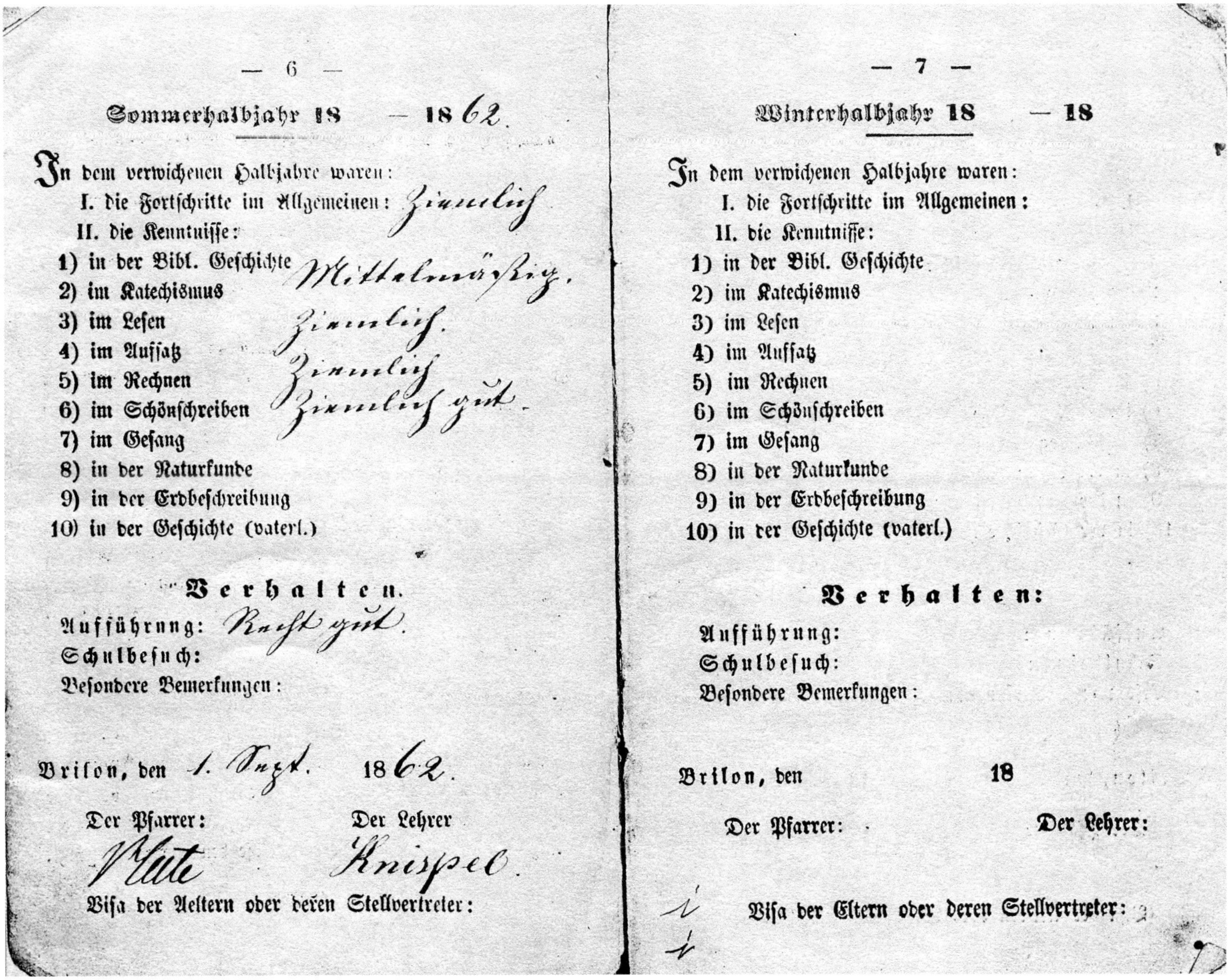

— 6 —

Sommerhalbjahr 18 — 1862.

In dem verwichenen Halbjahre waren:

I. die Fortschritte im Allgemeinen: Ziemlich

II. die Kenntnisse:

1) in der Bibl. Geschichte Mittelmäßig.
2) im Katechismus
3) im Lesen Ziemlich.
4) im Aufsatz
5) im Rechnen Ziemlich
6) im Schönschreiben Ziemlich gut.
7) im Gesang
8) in der Naturkunde
9) in der Erdbeschreibung
10) in der Geschichte (vaterl.)

Verhalten.

Aufführung: Recht gut.
Schulbesuch:
Besondere Bemerkungen:

Brilon, den 1. Sept. 1862.

Der Pfarrer: Der Lehrer

Kleute Knispel

Visa der Aeltern oder deren Stellvertreter:

— 7 —

Winterhalbjahr 18 — 18

In dem verwichenen Halbjahre waren:

I. die Fortschritte im Allgemeinen:

II. die Kenntnisse:

1) in der Bibl. Geschichte
2) im Katechismus
3) im Lesen
4) im Aufsatz
5) im Rechnen
6) im Schönschreiben
7) im Gesang
8) in der Naturkunde
9) in der Erdbeschreibung
10) in der Geschichte (vaterl.)

Verhalten:

Aufführung:
Schulbesuch:
Besondere Bemerkungen:

Brilon, den 18

Der Pfarrer: Der Lehrer:

Visa der Eltern oder deren Stellvertreter:

Zeugnis von 1862

Instrumente für den Physikunterricht

Ein Klassenzimmer wie vor hundert Jahren

Zur Zeit der Einrichtung des historischen Klassenzimmers der Jahrhundertwende im Bensberger Museum hatte ich in Holland ein besonderes Erlebnis. Wie bei Johann Peter Hebel der deutsche Handwerksbursche in Amsterdam, so kam ich in Eysendeyk zur „Erkenntnis der Wahrheit". Ich besuchte einen „folkloristische Dag", wie die Niederländer sagen. Auf dem Marktplatz standen die Menschen dicht gedrängt um die Handwerker, die öffentlich agierten. Da wurden Klumpen aus Pappelholz gemacht, Besen gebunden, Pferde beschlagen, glühende Eisenreifen auf Räder gezogen, Schafe geschoren, ein Schwein am Spieß gebraten und Bier ausgeschenkt. Plötzlich klatschten die Leute in die Hände und machten Platz für einen Zug von Kindern, die in altmodischer Kleidung mit Schulranzen hinter ihrem Lehrer im Gehrock und mit dem Stock in der Hand sich einen Weg durch die Menge bahnten. An der Kirche war ein Podium aufgebaut. Darauf standen zweisitzige Bänke und davor ein Lehrerpult. Den Hintergrund bildete eine Bretterwand mit alten Wandtafelbildern. Und schon beteten und sangen die Schüler, und die Menschen ringsherum machten mit. Sie deklamierten die Einmaleins-Reihen vor- und rückwärts und lasen im Chor die kleinen Bildwortkärtchen. Ich stand wie verzaubert da, und je länger ich zuschaute, hatte ich den Wunsch, ihm zu helfen, es vielleicht noch besser zu machen. Bei der Eröffnung des neu errichteten Klassenzimmers habe ich dann gleich mit einem vierten Schuljahr den ersten Versuch gemacht.

Rollenspiel in der Schule

„Schullehrerkollegium"

Ich schrieb eine Lehrprobe auf, die vor allem Heimatgeschichte beinhaltete und bat eine Klassenlehrerin, den Stoff mit ihrem vierten Schuljahr vorzubereiten. Dazu sollte das Lied „Was frag ich viel nach Geld und Gut" mit allen Strophen eingeübt werden. Das Lernen der vielen Strophen war ein bißchen ungewöhnlich für heutige Kinder. Dafür hat das Verkleiden mit Schürzchen, Haarschleifen und Matrosenkragen viel Spaß gemacht.
Es war so wie in Holland, vielleicht sogar noch besser, weil die Schüler etwas Neues gelernt haben, auch durch den Einsatz von Geige und Harmonium. Seitdem ist das Schulehalten nicht mehr wegzudenken.

Museumsschule in Bensberg

„Am Dienstag haben wir die Museumsschule in Bensberg besucht. Wir haben in den alten Bänken gesessen. Die sind ganz schräg und haben kleine Töpfchen für die Tinte. In jeder Bank sitzen vier Kinder. Herr Cüppers stand vor uns hoch auf dem Katheder mit dem Stock in der Hand. Er sagte: „Jetzt machen wir alles wie früher in der alten Schule!" Wir legten die Hände ineinander und mußten ganz still sitzen. Früher durften die Kinder nur sprechen, wenn sie vorher schön aufgezeigt hatten und aufgerufen wurden. Über dem Katheder hängt ein großes Kreuz. In der linken Ecke steht die Tafel auf einem Dreibein. Herr Cüppers nahm die Kreide und schrieb. Aber wir konntes es nicht lesen. Es war die deutsche Schrift. Mit den Lesekärtchen und Bildern lernten wir

Rekonstruktion eines Klassenzimmers zur Kaiserzeit in Bensberg

Musik als pädagogisches Element

einige Buchstaben kennen und durften alle auf die Schiefertafel mit dem Griffel schreiben. An der Wand steht ein schwarzer Ofen. Er ist so groß wie ein Mann. Er heißt Kanonenofen. Daneben hängen zwei bunte Bilder. Ich dachte erst, es wäre Adolf Hitler. Aber es ist der deutsche Kaiser Wilhelm der Zweite und seine Gemahlin Auguste Viktoria. Herr Cüppers holte einen schwarzen Kasten und öffnete ihn. Er nahm eine Geige heraus und spannte den Bogen. Dann spielte er einen Ton, den wir nachsingen mußten. Dann mehrere Töne und eine Melodie. Jetzt lernten wir das Kaiserlied:

„Der Kaiser ist ein lieber Mann,
er wohnet in Berlin.
Und wär' es nicht so weit von hier,
so ging' ich heut' noch hin."

Wir lernten drei Strophen. In der Ecke steht ein ganz altes Klavier. Es heißt aber Harmonium. Es klingt wie eine Orgel. Darüber hängt ein Bild mit der ganzen Kaiserfamilie. Auf dem Harmonium stehen viele Sachen: Flaschen mit roter und schwarzer Tinte und ein Globus. An einem eisernen Kartenständer hängt eine Karte der Rheinprovinz. Darauf sind auch Bergisch Gladbach und Bensberg eingezeichnet. Dann öffnete Herr Cüppers den Schrank, und er zeigte uns alles: Zitronenfalter und andere Schmetterlinge, einen Ameisenhaufen hinter Glas, eine Pyramide und andere Körper aus Holz, einen Zahn von einer Kuh und ein Horn, ein Wespennest und viele Vogelnester. In das Nest vom Zaunkönig durfte ich mit dem Finger hineinfahren. Das war ganz weich innendrin. Er zeigte uns auch schöne Steine und einen Kugeltopf, der vor fast tausend Jahren in Paffrath gemacht wurde. Es war noch viel mehr in dem Schrank drin. Obendrauf stand ein alter Bienenkorb.

Dann ging der Lehrer wieder zum Katheder, und wir mußten die Reihen mit 5 und 8 aufsagen, alle zusammen, vor- und rückwärts, Er zeigte uns eine Fingerzählmaschine und einen Kopfrechenkasten für alle Schuljahre. Auf dem Katheder lag ein schöner alter Griffelkasten aus Holz. Auf dem Deckel ist ein Bild: Ein Hirsch springt in den Wald, er wird von drei Hunden verfolgt. Wir durften aufzeigen und Fragen stellen:

Was ist das für ein Drahtkörbchen? Es ist eine Mausefalle. Die Maus wird lebendig im Korb gefangen, dann kann man den Korb in den Garten tragen und das Türchen wieder öffnen. Was ist das für ein Topf auf dem Fußboden? Es ist ein Spucknapf. Wir konnten das nicht glauben, was er da erzählte. In einem kleinen Holzdöschen liegt eine Brille, sie heißt Pitschbrille, weil sie auf die Nase gepitscht wird. Herr Cüppers sagte: „Wenn ihr noch einmal wiederkommt, dann zeige ich euch einen Schulranzen, der schon über hundert Jahre alt ist und auch die Hefte und die Zeugnisse der Kinder von damals. Ihr werdet staunen, wie schön die geschrieben haben. Dann haben wir auch Zeit, uns alte Wandtafelbilder anzusehen.“

Blick in die Naturaliensammlung

Unser Bergisches Museum in Bensberg will ein „Museum zum Anfassen“ sein. Da wird Brot gebacken, Papier geschöpft, Leder gegerbt und Eisen geschmiedet. Die Schulen können sich informieren, wann der Schuster, der Sattler, der Sensendengler, der Weber, die Spinnerin oder der Kupferschmied arbeiten. An besonderen Tagen können

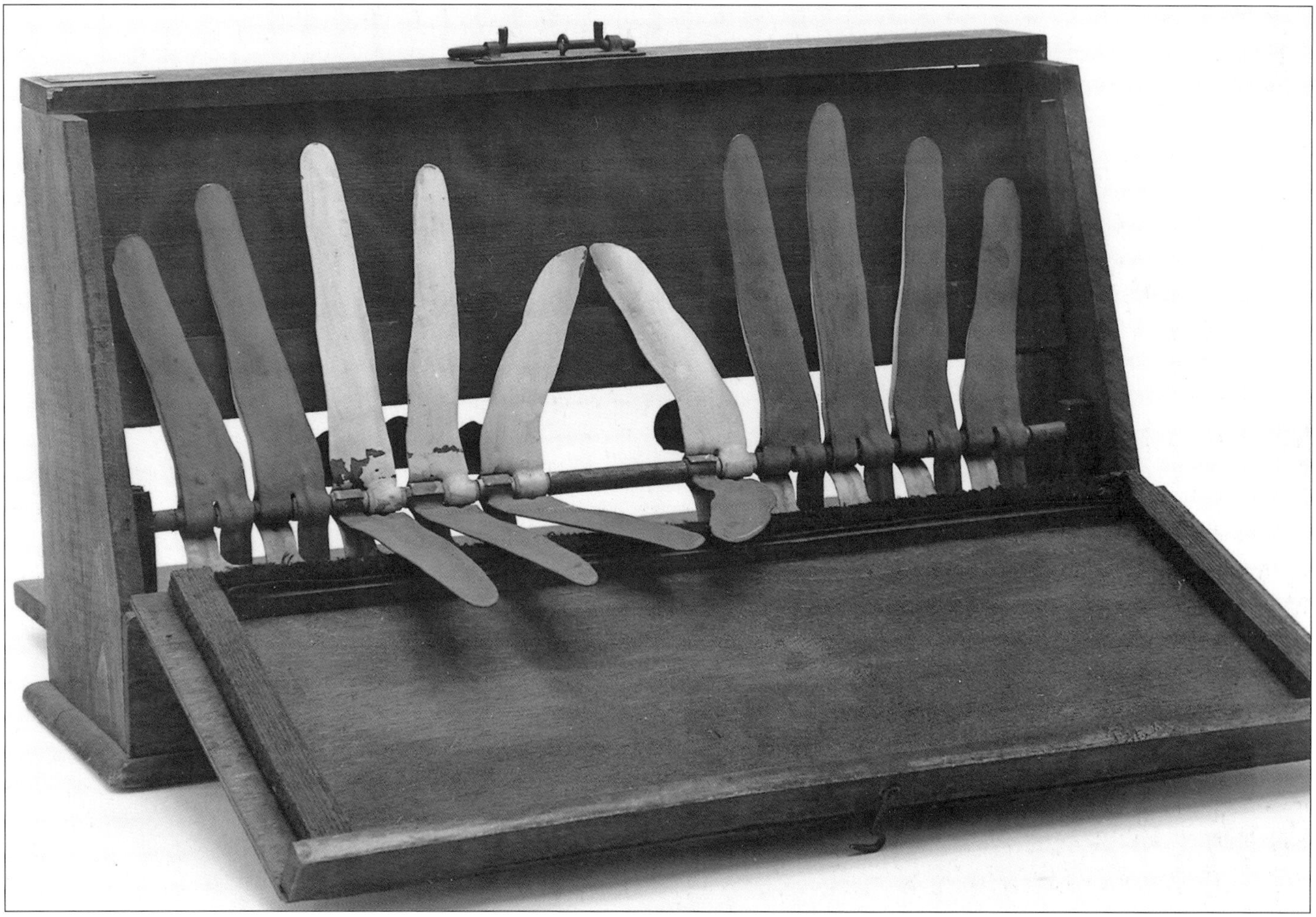

Fingerzählmaschine von 1915, eines von vielen Hilfsgeräten für den Rechenunterricht

die Schüler selbst korbflechten, buttern, backen oder Papier schöpfen.
Das Schulzimmer paßt in dieses Konzept vor allem deshalb, weil es keine Abstellkammer der alten Schulutensilien ist, die auf Verklärung der Vergangenheit abzielt, sondern ein Raum, in dem die Kinder in den Bänken von früher sitzen und hautnah erleben, wie unsere Großeltern gelernt haben.
Herr Dr. Vomm schreibt im Museumskatalog 1991: „Eine Auswahl des Sammlungsgutes ist in dem rekonstruierten kaiserzeitlichen Klassenraum für die Öffentlichkeit zugänglich. So klein sie auch ist, gehört sie doch zu den anziehendsten Beständen des Museums".

Es kommt uns Lehrern darauf an, die Merkmale der alten Schule lebendig werden zu lassen: Die dominierende Rolle des Lehrers, der vom hohen Katheder seine Klasse beherrschte. Gezeigt und geübt werden Aufzeigen, Beten, Singen, richtiges Sitzen, Schreibhaltung, Taktschreiben, im ganzen Satz antworten, Auswendiglernen, Vorschreiben, Vorsprechen, Stillarbeit, Abteilungsunterricht, Helfersystem, Kontrolle, Belohnung und Strafen.

Blick in die Wandtafelabteilung

Ein wichtiges Kennzeichen der alten Schule ist das patriotische Pathos (Bild des Kaisers, der Kaiserin und der Kaiserfamilie, Lieder und Gedichte zu Kaisers Geburtstag, Sedanfeier, Wahlsprüche der Regenten, Lesestücke aus der vaterländischen Geschichte). Nicht anders feierte man die nationalen Gedenktage an der höheren Schule, die übrigens ihre Schüler nicht aus der Volksschule, sondern aus eigenen Vorschulen bezog. Sie verstand sich als Schule der Gebildeten, die jede Verbindung mit der Schule der Arbeiter vermied.

Die häufigsten Besuchergruppen unseres Schulmuseums sind Schulklassen aller Altersstufen und Schulformen. Die Schülergruppen sollen erkennen, wie bei einem solchen Unterricht die sozialen Tugenden der Unterordnung, nämlich Gehorsam, Artigkeit und Fleiß, nachhaltig eingeübt wurden. Allgemei-

Wir spielen Schule früher

ne menschliche Tugenden, z.B. Vertrauen, Selbständigkeit und Mitverantwortung, konnten dabei nur spärlich gedeihen. An Hand von Lesestücken mit moralischer Nutzanwendung begreifen reifere Schüler auch, daß gute Lehren aus der Welt der Erwachsenen allein nur schlechte Erziehungsmittel waren, die wenig veränderten. Die Verherrlichung des Militärs und die unbedingte Autorität der Obrigkeit, selbst dann noch, als der Kaiser das Land in Gefahr brachte, wird an vielen Beispielen sichtbar. So schrieb zum Beispiel ein Gladbacher Lehrer noch am 27.Januar 1915: „Wie schlägt an jedem 27.1. das deutsche Herz höher und jubelt seinem Kaiser zu! Auch heute – im blutigen Kriegsjahr – rufen wir aus voller Brust: Wir lieben Dich und geloben zur Vollendung Deines 58. Jahres treue Liebe bis zum Grabe“.

Für ältere Besuchergruppen ist es eine große Freude, ihre eigene Schulzeit im alten Klassenraum wieder lebendig werden zu lassen. Sie haben die gelernten Gedichte noch präsent und singen „Was frag' ich viel nach Geld und Gut, wenn ich zufrieden bin“. Sie erzählen von ihren Lehrern viel Gutes, aber auch, wie sie ungerecht geschlagen wurden – und von Angst und Demütigungen.

Wir lesen Schüleraufsätze aus alten Schulheften des vorigen Jahrhunderts, so z.B. einen „Neujahrsglückwunsch an die Eltern“. Wir versuchen aufzuzeigen, wie diese für die damalige Zeit typischen Aufsätze viel Unkindliches und Unechtes enthalten, und daß wir heute die Kinder anregen wollen, eigene Gedanken aufzuschreiben. In unserem Museumsheft Nr. 2 hat Professor Weisgerber den Aufsatz von Antonie Schil-

Historisch kostümierte Schülergruppe auf dem Weg zum Schulmuseum

ling analysiert und anhand von drei Beispielen verdeutlicht, wie sich die Zielvorstellungen des Aufsatzunterrichtes und mit ihnen die kindlichen Texte gewandelt haben. „Welcher Schüler eines achten Schuljahres könnte heute noch mit den damaligen Schülern wetteifern? Allerdings: abnehmen würden wir heute einen solchen Aufsatz wohl keinem Schüler mehr, jedenfalls nicht in dem Sinne, daß wir ihn als eigenständigen Text, als Ausdruck der Person des Schreibers akzeptieren. Aber die älteren Besucher sind stolz auf ihre „alte" Schule: „Wir hatten eine schöne Schrift. Wir schrieben keine Fehler. Wir rechneten alles im Kopf. Wir kennen viele geistliche und weltliche Lieder mit allen Strophen. Wir..." Aber die Zeugnislisten und vor allem die Strafbücher geben Auskunft darüber, unter welchen Qualen viele Kinder das Lernziel dann doch nicht erreichten.

Je nach Zusammensetzung der Gruppen ergeben sich Gespräche über die häuslichen Verhältnisse zur damaligen Zeit, über die Benachteiligung der Mädchen, Strafen, Kriegsbegeisterung, sexuelle Aufklärung, Kinderarbeit und viele andere Themen.

Königswinter, d. 1. J.
1905.

Liebe Eltern!

Ein Jahr
ist uns entschwunden
mit seinen Freuden
und Leiden, mit seinen
bösen und guten Tagen. Wir
haben dasselbe glücklich
und gesund durchlebt.

Neujahrsbrief von 1905

dafür sei Gott herzlich Dank
gesagt! Aber auch Euch, liebe
Eltern, bin ich den innig-
sten Dank schuldig für all
die Liebe und Güte, womit
Ihr täglich, ja stündlich Euer
Kind überhäuftet. Möchte der
liebe Gott Euch dafür zu den glück-
lichsten aller Menschen machen und
alle Eure Herzenswünsche er-
füllen! Es soll aber auch
mein beständiges Streben
sein, Euch durch Folgsamkeit
und Fleiß Freude zu machen.
Gott gebe meinen Wünschen
Erfüllung, dann wird das
neue Jahr für Euch und mich
ein recht glückseliges Jahr
werden.

In herzlicher Liebe
Eure dankbare Tochter
Helene.

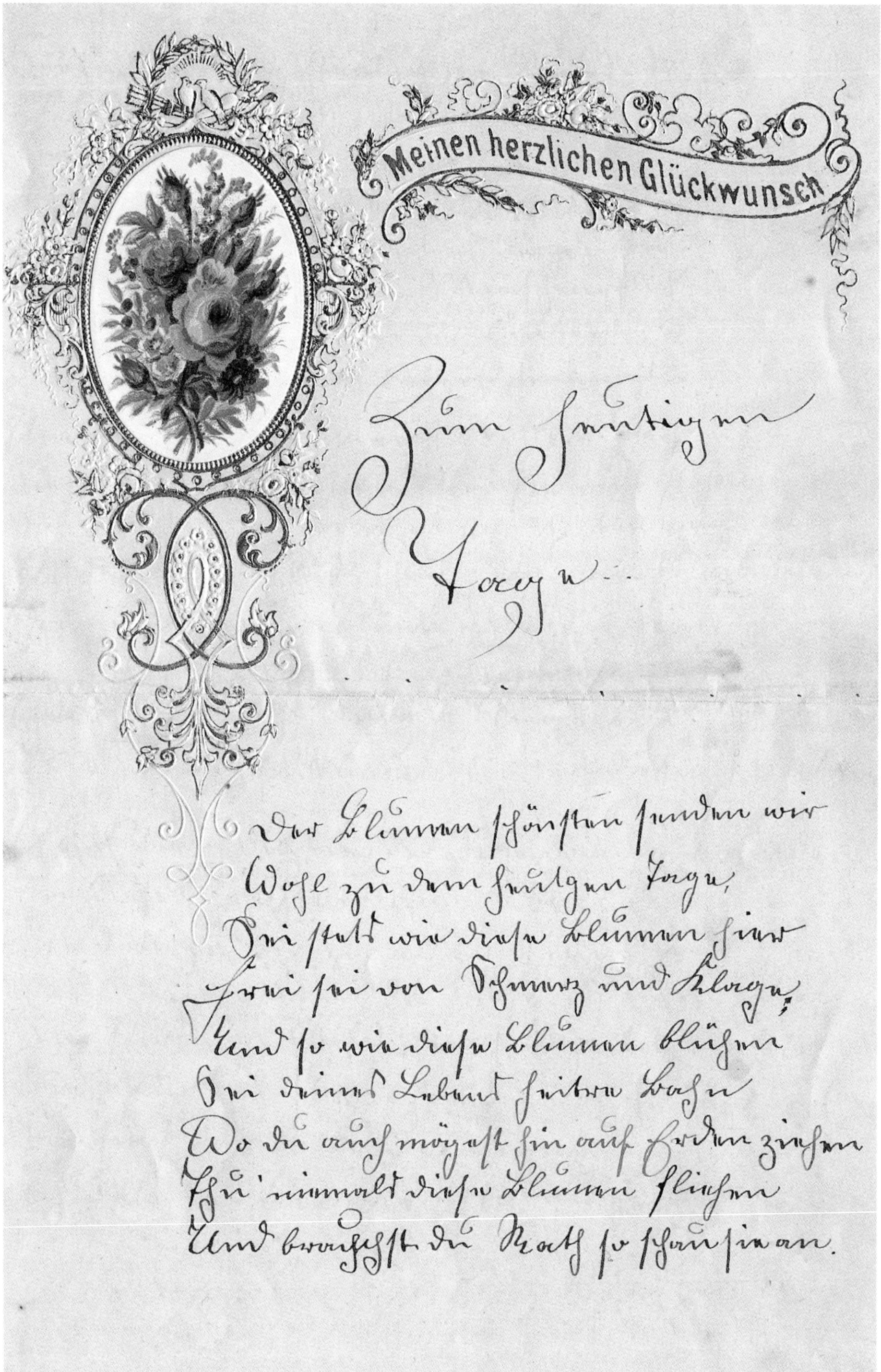

Meinen herzlichen Glückwunsch

Zum heutigen Tage...

Der Blumen schönsten senden wir
Wohl zu dem heut'gen Tage,
Sei stets wie diese Blumen hier
Frei sei von Schmerz und Klage;
Und so wie diese Blumen blühen
Sei deines Lebens heiter Bahn
Wo du auch mögest hin auf Erden ziehen
Thu niemals diese Blumen fliehen
Und brauchst du Rath so schau sie an.

Glückwunsch von 1885

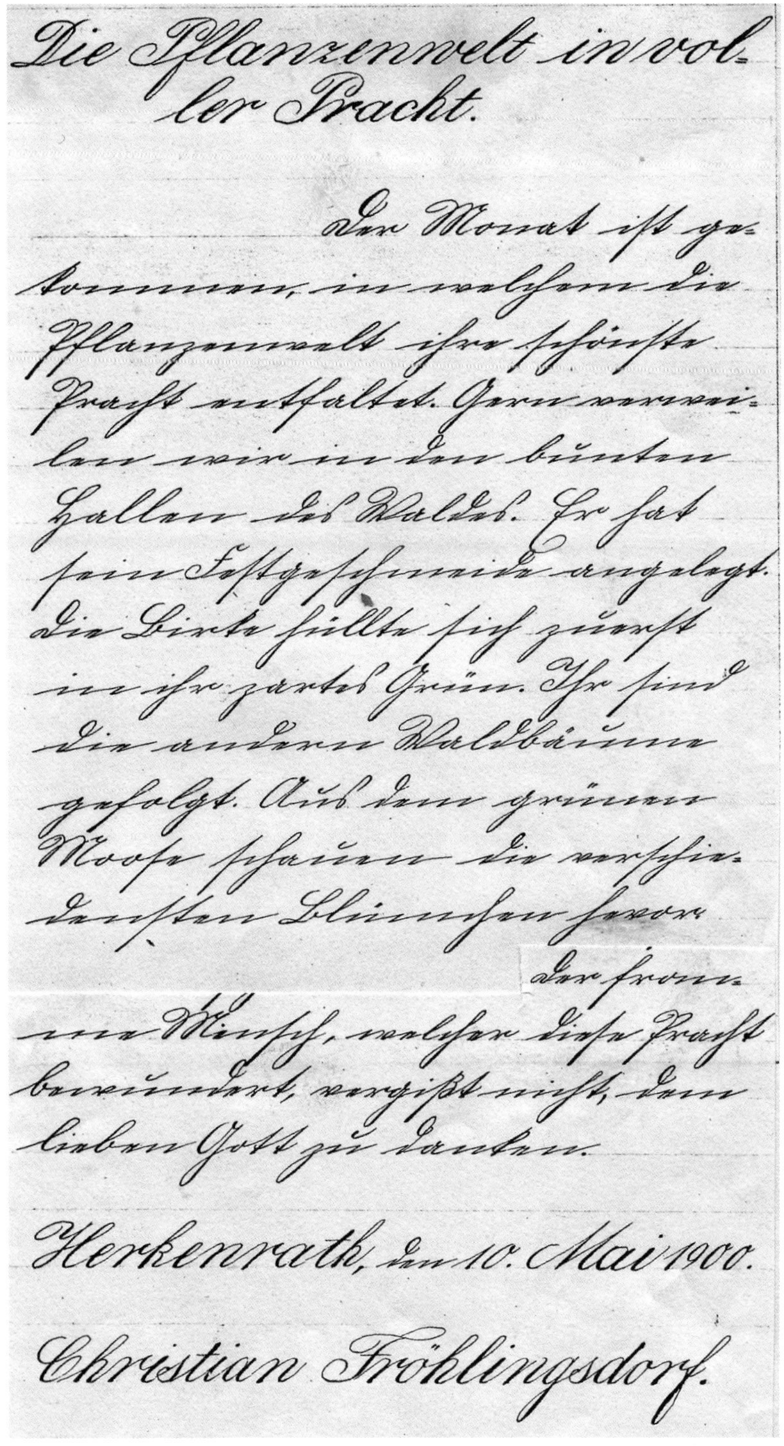
Die Pflanzenwelt in voller Pracht.

Der Monat ist gekommen, in welchem die Pflanzenwelt ihre schönste Pracht entfaltet. Gern verweilen wir in den bunten Hallen des Waldes. Er hat sein Festgeschmeide angelegt. Die Birke hüllte sich zuerst in ihr zartes Grün. Ihr sind die anderen Waldbäume gefolgt. Aus dem grünen Moose schauen die verschiedensten Blümchen hervor.

Der fromme Mensch, welcher diese Pracht bewundert, vergißt nicht, dem lieben Gott zu danken.

Herkenrath, den 10. Mai 1900.

Christian Fröhlingsdorf.

Schulaufsatz aus Herkenrath

Für die Schulstunde „ Anno dazumal "
Mit Carl Cüppers und Kollegium
Anl. „175 Jahre Schule Schildgen"

Junge:

1. Wie schön, dass ich ein Junge bin,
dann werde ich Soldat.
Ich reite schnell bis nach Berlin,
in meines Kaisers Stadt.

2. Ich schieße mit Kanonen dann
und lerne stramm zu stehn,
denn ich bin doch ein deutscher Mann,
das soll man mir ansehn.

3. Ich ziehe auch mit in den Krieg,
wenn es mein Kaiser sagt,
und kämpfe tapfer bis zum Sieg
in einer großen Schlacht.

4. Und ist der Krieg dann wieder aus,
die letzte Schlacht vorbei,
kehr ich zurück ins Vaterhaus
und bleib dem Kaiser treu.

Mädchen:

1. Wie schad, dass ich ein Mädchen bin,
ich wär so gern Soldat
und ging zum Kaiser nach Berlin,
der schönen ,großen Stadt.

2. Ich lehr die Kinder im Gebot
und führ sie fromm und gut
im Glauben an den lieben Gott,
der allen Gutes tut.

3. Die Stube halt ich blitzeblank,
der Tisch ist reich gedeckt,
und Vorrat liegt in jedem Schrank,
dass uns kein Hunger schreckt!

4. Die Freude ist der Mühe Lohn,
so leb ich meine Zeit,
und Gott im hohen Himmelsthron
schenkt Kraft und Seligkeit!

Text von Lehrer Heinz Hansen 1985

Für das 175. Schuljubiläum in Schildgen

Besonders interessierte Besuchergruppen sind die Lehrer und Studenten. Die älteren von ihnen feiern das Wiedersehen mit Rechenmaschine, Wandtafelbild und früheren Lehrmethoden. Die meisten aber wissen wenig von der Lehrerausbildung unserer Väter in den Präparandien und Lehrerseminaren, von der Stellung des Lehrers im Dorf, vom Lehrerinnenzölibat, von der unterschiedlichen Besoldung, von der geistlichen Schulaufsicht, den Lehrervereinen und den nur allmählich erkämpften Verbesserungen. Auch hier geben Dokumente aus der Zeit (Amtliche Schulblätter, Chroniken, Zeugnisse, Lehrpläne, Schulordnungen, Bücher, Konferenzberichte, Fotos und sogar

Streitschriften wie „Frische Luft in's Seminar") beredtes Zeugnis über einen wichtigen Zeitabschnitt deutscher Schulgeschichte.

Die Bereitwilligkeit der Gruppen, sich in die engen Bänke zu wagen und sich mit uns zurückzuversetzen in die „alte Schule" überrascht uns täglich, wie dieses im Film agierende 6. Schuljahr der Ursulinenschule in Köln mit seiner Lehrerin, Frau Kolarik,zeigt, die sich mit den Schülern auch durch Kleidung und Einstudieren eines Gedichtes und eines Liedes vorbereitet hatte. Dies aber ist auch bei anderen Klassen keine Seltenheit. In dem Film sagt das Mädchen: „Es war früher schöner in der Schule". Ich wollte diesen Satz gerne herausschneiden lassen, weil ich der Ansicht bin, daß ich mein Unterrichtsziel damit nicht erreicht hatte.

Aber das Schulespielen macht Spaß, das Sichverkleiden, das Singen mit Harmonium und Geige, das Chorsprechen, das Erzählen des Lehrers, die Differenzierung mit Hilfe von Helfern, das Anschauen der alten Wandtafelbilder und das Vorführen der Raritäten aus der Lehrmittelsammlung. Daß sich dahinter viele schlimme Kindheiten abgespielt haben, die durch Armut, Kinderarbeit und harte Strafen gekennzeichnet waren, begreifen auch schon Grundschulkinder, wenn der Lehrer mit ihnen überlegt, welche Vorzüge sie gegenüber diesen Kindern genießen, und wie froh sie sein können, Lehrer zu haben, die auch mit ihnen lachen können.

Die Zeit im Museum reicht nie, alle Fragen zu beantworten und die älteren Teilnehmer mit ihren Erlebnisberichten anzuhören. Die Kinder fragen: Woher

Wilhelm II.

haben Sie denn die alten Sachen? Wieviel ist die Geige jetzt wert? Wieviel muß man für eine alte Fibel bezahlen? Ich erzähle ihnen gern, wie ich mit einem alten Bügeleisen von meiner Großmutter angefangen habe zu sammeln. Sofort melden sich welche, die auch ein altes Bügeleisen haben oder ein altes Buch und ein Bild vom Opa. Augenblicklich erhalten die Dinge einen höheren Stellenwert, und ich sage ihnen, wie froh sie sein können, etwas aus der Familiengeschichte zu haben. Aus dem Interesse am Sammeln entwickelt sich Freude am Entdecken und Forschen und schließlich auch am Bewahren und Pflegen.

In unserer Stadt, die aus vielen kleinen Orten zusammengewachsen ist, gibt es im Ortsteil Katterbach eine alte, im Jahre 1871 erbaute Volksschule, die 1883 durch einen zweiten Klassenraum aufgestockt wurde. Beide Räume sind gut erhalten. Der untere ist als historischer Klassenraum eingerichtet, in dem täglich historischer Unterricht von zwölf Mitarbeitern des Arbeitskreises veranstaltet wird. Der obere Klassenraum dient den Wechselausstellungen, zu denen mittlerweile schon sechs „Schulhefte“ verfaßt wurden: „Nadel, Faden, Fingerhut“, „Fibel, Schrift und Schule“, „Es war einmal“, „Sport ist Spitze“ und „Szenen aus der Schule“. Das 1995 erschienene Buch „Tornister, Tafel, Tintenfaß“ ist ein Gemeinschaftswerk unseres Arbeitskreises.
Zu diesen Klassenräumen gehört eine Lehrerwohnung, die von Grund auf restauriert werden mußte. Damals wagten wir alle nicht daran zu glauben; und doch ist es mittlerweile Wirklichkeit geworden.

Wir spielen „zu spät kommen“

Am Schluß einer Stunde spiele ich gern mit dem Besuch „zu spät kommen“. Ich zeige meine kleine älteste Schultasche, die mir eine Frau aus Schlesien geschenkt hat. Das kleine Ledertäschchen

Besuch des Dreigestirns im Schulmuseum

Kontrolle des Schulranzens auf Sauberkeit und Ordnung

enthält Tafel, Schwammdöschen, Tafelläppchen und Federmäppchen. „Wie sieht denn das Tafelläppchen aus? Bist du am Samstag nicht gebadet worden?“ – „Doch, Herr Lehrer!“ – „Am Samstag nimmst du das Läppchen mit in die Badewanne!“ – „Ja, Herr Lehrer“. Die Schiefertafel von Faber ist eine aufklappbare Besonderheit. In der Griffeldose sind Griffel, Federhalter, Griffelspitzer und Federdöschen mit den berühmten Soennecken 111-Federn. Die 3 kleinen Bücher sind eine kleine Schulbibel, ein Rechenbüchlein und eine Fibel. Die kleine Schultasche gehörte einem kleinen Mädchen des ersten Schuljahres, es hieß Helene. „Heißt jemand von euch Helene?“ Wenn sich niemand meldet, suche ich ein Mädchen aus. Es gibt schon viel zu lachen, wenn ich sagen muß: „Aber Kind, du hast ja eine Hose an. Das geht aber nicht. Mädchen tragen Röcke. Aber komm, ich ziehe dir ein schönes weißes Schulschürzchen an, dann ist die Hose verdeckt“. Ich habe ein Paar genagelte Lederschuhe, die auch von Mädchen getragen wurden. Oft nehme ich auch Holzschuhe mit Lederoberteil, das geht schneller. So ausgestattet, geht das

Vorbereitung zum historischen Unterricht

Mädchen vor die Tür. Beim Klopfzeichen rufen die Schüler: „Es hat geklopft, Herr Lehrer!" Auf „Herein" kommt Helene. „Helene, warum kommst du zu spät?" Der Lehrer nimmt schon den Stock in die Hand und hört, was Helene zu sagen hat. Gestern sagte eine ältere Dame: „Meine Mutter ist krank". Auf meine Frage, was ihr dann fehle, sagte sie: „Ich weiß es auch nicht, sie wird jeden Tag dicker und dicker". Der Lehrer fragt nach der Kinderzahl, und sie sagt, wie besprochen, im ganzen Satz: „Wir haben jetzt 10 Kinder, Herr Lehrer!" Oft fragt der Lehrer mehr: „Hast du deine Mutter versorgt? Hast du einen Tee gekocht?" Wenn er das Gefühl hat, daß Helene lügt, sagt er: „Ein Auge ist, das alles sieht, auch was in finsterer Nacht geschieht. Sage mir die Wahrheit: Hast du deine Hausaufgaben gemacht?" „Hast du dein Gedicht gelernt? Sage es auf!" Die älteren Damen können alle ein Gedicht: „Was frag' ich viel nach Geld und Gut, wenn ich zufrieden bin......, Müde bin ich, geh' zur Ruh......., Fest gemauert in der Erden...., Herr von Ribbeck auf Ribbeck im Havelland.........., Die Gäste der Buche...., Krachen und Heulen und berstende Nacht...., Der Sänger: Was hör' ich draußen vor dem Tor.......

Im schlimmsten Falle muß der Lehrer zum Stock greifen. Die Jungen bekommen 3 Schläge auf das Gesäß. Der Lehrer legt sie über die Bank und ruft: „Gerechtigkeit, nimm deinen Lauf!" Mädchen schlug man auf den Rücken. So steht es in den vorgeschriebenen Strafbüchern: Maria bekommt 3 Schläge auf den Rücken wegen Eigensinn! Wilhelm bekommt 3 Schläge auf das Gesäß wegen ungebührlicher Ausdrükke; wegen Faulheit; wegen Essens in der

Gerechtigkeit, nimm deinen Lauf!

Schule; wegen Lachens in der Schule; hat Frösche aufgeblasen; weil er nach 6 Uhr noch auf der Straße angetroffen wurde. Der Lehrer untersucht die Schultasche und läßt Helene ein Lesestück vorlesen. Die Lesestücke für die Kleinen enthalten meist eine moralische Belehrung, eine Nutzanwendung: „Wenn man den ganzen Tag fleißig gearbeitet hat, schmeckt am Abend jede Suppe, Herr Lehrer".
Wer eine Moral richtig im ganzen Satz formulieren kann, erhält vom Lehrer ein Fleißkärtchen. Dann untersucht der Lehrer mit Hilfe von zwei spitzen Griffeln den Kopf nach Läusen und läßt sich die Fingernägel zeigen. Jetzt darf sich Helene auf ihren Platz setzen. Nach dem Gebet sagt der gutgelaunte Lehrer: „Ihr habt für morgen keine Hausaufgaben auf". Die Kinder antworten: „Vielen Dank, Herr Lehrer!" Und nochmal der Lehrer: „Wenn die Abendglocke läutet, sind alle Kinder zu Hause, besonders die Mädchen".

Bensberg in Zitaten aus Aufsätzen des zweiten und dritten Schuljahres

Bensberg ist eine Reise wert. Wenn man von Köln nach Bensberg fährt, sieht man es sofort. Früher wohnten hier die Germanen, heute wohnen hier die Rheinländer. Die Stadt ist nicht sehr groß, aber für uns Bensberger ist sie groß genug. Sie liegt 180 m vom Meeresspiegel entfernt und hat viele Autos, Fahrräder und Kinder.

Die Polizei ist nicht sehr groß, aber viele gefährliche Kurven, Ampeln und Schilder helfen dem Schutzmann. Auch durch die geplätteten Fußwege macht Bensberg einen einigermaßen sauberen Eindruck. In der Innenstadt ist immer etwas los. Ich finde, hier ist viel Verkehr; die Kinder und die alten Leute müssen warten, bis sie alle durch sind, oder ein Kavalier anhält.

Auf der Odinshöhe wohnen die reichen Menschen. Da wohnt auch der Herr Lücke. Im Vertrauen, Bensberg ist sehr verschuldet, und trotzdem liebe ich meine Stadt. Es wird überall gebaut, aber für den Karneval haben sie kein Geld. Das ist der Bürgermeister schuld. Aber es wird noch ein halbes Jahr dauern, bis er auf den neuen Rathausturm steigen kann. Dann sitzt er mit Herrn Wagener, Herrn Bürgermeister und dem Stadtverwalter höchstpersönlich im Turm. Meine Mutter ist auch bei der Stadt und soll dort auch arbeiten. Der Turm heißt „Apeninsel". Er heißt wirklich Mandelsplitter. Der Bäcker hat den Turm nachgemacht. Er ist so kompliziert, daß der Architekt ihn nicht zeichnen konnte. Er wird auch schwebende Jungfrau genannt. Ich fragte meine Mutter: „Warum?" Sie sagte: „Er hat eine eigenartige Form und versperrt uns die Sicht aus dem Wohnzimmer". Vielleicht wird er wieder abgerissen. Mir ist es egal, ich bleibe hier wohnen.

Ja, Bensberg hat nicht nur viele Schulden, es hat auch viele Sehenswürdigkeiten. Wir haben etwas sehr Anschauliches, das große Schloß, in dem belgische Besatzung drin herrscht. Es ist ein Waisenhaus für belgische Kinder und Soldaten. Es wurde unter der Leitung von Jan Wellem gebaut. Mit dem früheren Lehrer haben wir viel über Jan Wellem gesprochen und ihn auch gemalt. Er hat im Schloß seine Jagdfeste veranstaltet. Er benützte das Jagdschloß nur zum Jagen. Es hausten auch Grafen darin. Das Schloß gefällt mir am besten. Niemand weiß, wem es gehört. Bensberg ist an drei Stellen von Belgiern besetzt.

Das Heimatmuseum hat einen alten Stollen. Man sollte ihn bei einem Besuch nicht verachten. Es sind schon viele Menschen darin umgekommen. Einmal wollten wir uns ein großes Bild ansehen, aber es war abgebrannt.

Im Priesterseminar wohnen die alten Leute. Schon Goethe suchte diese Lekkerbissen für's Auge. Unser Priesterseminar ist jetzt fast schon ein Altersheim geworden. Es heißt Thomas-Moritz-Akademie. Am Altersheim ist vor kurzem angebaut worden. Es ist für die Kühe und Schweine.

Das Krankenhaus liegt hoch, damit man es findet. Ich hoffe aber nicht, daß ich da hinein muß. Das Haus ist modern, die Schwestern aber nicht so. Die Kranken, die schon besser sind, dürfen sich vorn hinsetzen. Anschließend gehen sie in den Wald, um sich behandeln zu lassen. Auch der Friedhof fehlt nicht. Die Gefallenen von 1780 liegen auf dem österreichischen und dem französischen Friedhof. Wo die Kirche steht, standen schon zwei Stück. Die Kirche liegt hoch auf dem Berg, dadurch ist es den meisten Menschen lästig, in die Kirche zu gehen. Wenn man durch den Mittelgang geht, stößt man auf den Altar. Daneben thronen zwei Mittelaltäre. In der Kirche sind viele goldene Figuren und Ministranten. Wir wollen ein Stück von den Gebeinen

der Heiligen 3 Könige haben. Es sind viele Meßdiener in der Stadt. Ich finde den Kirchturm schön, weil man von dort eine gute Aussicht hat, aber nur, wenn es nicht nebelig ist. Die Kirche ist die Nikolausgemeinde.
Das Amtsgericht ist auch noch nicht so alt. Wenn ich mit meinem Opa aufs Türmchen steige, sehe ich es. Früher standen 28 Gruben hier. Die Lederfabrik war früher ein Familienbetrieb. Jetzt ist sie schon überall bekannt. Zum Einkaufen fehlt uns nichts, aber wenn es um Kleider und Anzüge geht, muß man nach Köln fahren.

Im Freibad sind Schwimmer und Nichtschwimmer geteilt. Es ist aber nur für den Sommer. Der Bürgermeister hielt 1966 eine Rede. Es hat drei Bekken. Daneben ist eine Wirtschaft „Zur schönen Aussicht". Das Hallenbad wird bestimmt viel Arbeit leisten. Der Sportplatz liegt an der ungünstigsten Stelle. Wir waren mit Frau Sporleder auf dem Sportplatz die Bundesjugendspiele üben. Auch für Wintermöglichkeiten ist Bensberg zu gebrauchen.
Das Hexenhäuschen hat seine Schönheit durch das Rotkäppchen. Bensberg ist sehr modern, es hat nur noch einen Bauern. Der Saaler Bauer ist schon sehr alt, aber ein neuer ist schon da. Wir haben auch eine Kreissparkasse, aber da habe ich kein Geld. Und nun kommt noch die Schule. Sie ist unsere größte Freude, oder nicht? Erst erteilten die Küster den Schuldienst, dann aber sagten sie sich, daß das zu viel Arbeit sei, und hörten auf. Einmal ist Herr Barbian vom Stuhl gefallen. Es ist bei uns lustig und ernst. Leider haben sie kein Geld, die Schule zu streichen.
Ich habe eine Tante, die wohnt in Bensberg. In der Nähe von unserem Haus ist Tollwut. Fünf Minuten brauchen wir bis zur Kirche. Ich habe zwei Freundinnen in der Stadt. Es regnet immer. Wenn die Sonne scheint, gehen wir spazieren, zur Apotheke. Unsere Familie ist gesund. Meine Schwester ist eine glückliche Mutter. Wenn meine Mutter mich nicht spielen läßt, muß ich rauf zum Fernsehen.
Donnerstags ist Wochenmarkt. Das zieht die Hausfrauen aus den umgehenden Städtchen an. Im Sommer zieht uns der Wald an. Er ist sehr verlockend und waldreich. Hier jagte Jan Wellem in dem frischen und gesunden Wald. Es ist nur ein Kino hier. Das ist zu wenig. Sonst find ich Bensberg sehr schön, und ich will immer hier bleiben.

Wiedersehen mit Fräulein Roggendorf nach 58 Jahren

Als Fräulein Roggendorf 88 Jahre alt wurde, habe ich sie 1984 im Altersheim besucht und mit ihr ein Gespräch geführt und auf Tonband aufgenommen. Sie wollte wohl gerne sprechen, aber es dauerte lange, bis sie das Tonband vergessen hatte. Sie fing schließlich an und sagte, daß ihr in der letzten Nacht ein Lied eingefallen sei: Vöglein im hohen Baum. Sie fing an zu singen, und ich sang sofort mit. Auf ihre verwunderte Frage, woher ich das Lied kenne, antwortete ich: „Ich habe es vor fast 60 Jahren gelernt von meiner damaligen Lehrerin Helene Roggendorf!"
Wir sangen zweistimmig alle vier Strophen und dann sprudelte alles nur so heraus:

„Also: ich kam 1902 ins erste Schuljahr zu Fräulein Hochscheid. Du weißt ja selbst, wie wichtig es ist, daß man eine Lehrerin bekommt, die singen und erzählen kann. Ich war gern bei ihr die ersten beiden Jahre. Als sie fortging, sollte ich zu ihr hingehen, ihr ein Händchen geben und mich bedanken. Das tat ich auch. Aber sie sagte: „Du bist ein kluges Mädchen, aber viel zu vorlaut".
Ich habe mir das nicht zu Herzen genommen. Die neue Lehrerin hieß Fräulein Bövering. Bei ihr haben wir viele Theaterstückchen gespielt. Einmal kam der Schulrat. Er hieß Burenz. Da war ich im achten Schuljahr bei Fräulein Wendler. Damals trug ich die „Feuersbrunst" aus Schillers „Glocke" vor (sie steht auf und deklamiert).
Der Schulrat lobte mich vor allen und fragte, was ich werden wolle. Ich sagte: „Lehrerin!"
Schon Fräulein Bövering, mit der meine Mutter noch Kontakt hatte, wollte, daß ich Lehrerin werden sollte.
In meiner Stadt gab es damals eine Stiftung für intelligente Schüler. Sie hatte mich dort gemeldet und alles veranlaßt. Wir waren nicht reich. Meine Mutter war Näherin und mein Vater Arbeiter bei der Firma Schiffer. Meine Mutter freute sich und sagte: „Dann brauchst du nicht zu heiraten und kannst uns später versorgen".

Aber wegen meiner kranken Hüfte mußte ich mit meiner Mutter zum Obermedizinalrat Dr. Wecks. Ich mußte mich ausziehen und gehen. Dann schrieb er: „Trotz angeborener Hüftgelenkerkrankung ist der Gang nicht erheblich beeinträchtigt".
So kam ich in die Präparandie (dreijährige Vorstufe zum dreijährigen Lehrerinnenseminar).
Für die Aufnahmeprüfung hatte ich Grammatik geübt: An, auf, hinter, in,

Fräulein Roggendorf im Familienkreis

neben, über, unter, vor, zwischen regieren auf die Frage wo den dritten, und auf die Frage wohin den vierten Fall. Durch, für, gegen, ohne, um, wider den vierten Fall. Mit, nach, nächst, nebst, samt,.....Ich schrieb einen Aufsatz mit der Überschrift: „Auf der Landstraße".
Ich mußte gute Zeugnisse haben, denn meine Mutter holte monatlich das Geld für mich ab. Das Seminar kostete 27,50 Mark im Vierteljahr an Schulgeld. Auch die Bücher waren teuer. Das Kostgeld betrug 1,75 Mark am Tag.
Man verlangte wieder eine neue Untersuchung. Diesmal mußte ich turnen. Der Arzt sagte: „Sie haben aber einen starken Willen".
Für die erste Lehrprobe wurde ich ausgesucht. Es ging um ein Gedicht über einen Straßenbahnschaffner. Ich wurde nachher sehr gelobt. Ich lernte viele

Musikalische Fertigkeiten, wichtiger Bestandteil der Lehrerbildung

Gedichte und schrieb sie mir alle auf. Unser Lehrer hielt eine Stunde über den Charakter. Ich war ganz begeistert und beschloß, so ein Charakter zu werden. Ich lernte auch Klavierspielen. Geigespielen hatte ich schon in Düren gelernt. Herr Dr. Kösters lehrte alte Geschichte. Er war ein Wissenschaftler, und wir verstanden nichts. Auch der Handarbeitsunterricht war sehr schlecht. Ich interessierte mich für Psychologie. Wir lernten alles über Empfindung und Wahrnehmung.
Im Krieg war unsere Schule mit Soldaten belegt. Wir hatten ein Wohnzimmer in der Sepulkrienerstraße. Ein Lehrer kontrollierte uns bei der Hausarbeit. Um das zu verhindern, stellte ich einen Ofenschirm auf die Treppe und schrieb mit Kreide darauf:" Geschlossen wegen Maul- und Klauenseuche". Das trug

Fräulein Roggendorf mit ihrer Freundin

mir eine Verwarnung ein: „Wenn so etwas nochmal passieren sollte, bekommen Sie die mündliche Prüfung nicht geschenkt".
Die Kandidaten mit guten schriftlichen Noten wurden von der mündlichen Prüfung befreit. Mit meinem Zeugnis meldete ich mich beim Schulrat Rösler in Düren. Er musterte mich und sagte: „Da können Ihre Eltern aber stolz auf Sie sein". Ich antwortete: „Das ist für die selbstverständlich".

Am Allerseelentag 1915 trat ich meine erste Stelle an. Am 1.12.1915, es war der Tag der silbernen Hochzeit meiner Eltern, überbrachte ich mein erstes Monatsgehalt von 90 Mark. Ich lieferte jeden Monat mein Gehalt ab und erhielt von meiner Mutter 10 Mark Taschengeld.
Am Kollegium war ein junger Lehrer, der mir sehr imponierte wegen seines glänzenden Klavierspiels. Er begleitete mich beim Singen, und in der Pause sprachen wir über die Liebe. Er sagte einmal zu mir: „Merkst Du eigentlich nichts, wenn ich neben Dir stehe?" Ich habe schon etwas gemerkt, aber ich mußte es unterdrücken. Wir gingen spazieren, und er legte seine Hand auf meine Schulter. Ich erzählte es einer Kollegin. Sie sagte: „Was hast du ein Glück!" Ich habe gebeichtet, daß er mich geküßt hat.

Ich war kurze Zeit arbeitslos und erhielt dann eine neue Stelle in Wissersheim. Ich hatte liebe Kinder, aber sie waren schwer zu begeistern. Der einzige Mensch, mit dem ich über alles sprechen konnte, war der Herr Kaplan. Er sagte eines Tages zu mir: „Fräulein Roggendorf, ich darf nicht mehr zu Ihnen kommen. Die Leute sprechen darüber".

Literarische Entspannung im Schulgarten. Fräulein Roggendorf und Fräulein Barth

Ich hatte ein gutes Kosthaus. Aber Frau Laufenberg kochte viel zu fett. Abends gab es Butterbrote mit Speck. Ich sagte zu ihr: „Wenn ich abends Speck esse, kann ich nicht schlafen". Sie entgegnete mir: „Bet üch, dann könnt ihr schlofe!" (Beten Sie, dann können Sie schlafen!)

„So", sagte sie erleichtert, „jetzt wird das Band abgestellt, und dann erzähle ich dir etwas von mir, was du nicht vermuten kannst".

Nach einer kleinen Sprechpause begann sie ruhig und ernst und etwas gedämpft: „Ich hatte über viele Jahre hin einen guten Freund". Sie schaute durch das Fenster, als ob sie jemand erwartete. „Lenchen", entgegnete ich, „das freut mich aber für dich, einen Freund?" „Ja, es war der Dirigent des Lehrergesangvereins für den Kreis Düren. Er war ein begabter Musiker und spielte hervorragend auf dem Klavier. Nie habe ich eine Probe versäumt. Er schaute oft herüber zu mir und nickte mir zu beim Dirigieren, und in der Pause sprachen wir gern zusammen. Einmal, als ich mit ihm allein sprach, sagte er zu mir: „Lenchen, ich dirigiere nur für dich!" Das war für mich ein glücklicher Augenblick, den ich nie vergesse. Kannst du das verstehen?"

Und sogleich erzählte sie weiter: „Einmal, an einem wunderschönen Frühlingstag – ich lag hinter dem Haus in der Hängematte – kam er durch das Gartentor. Ich war so erschrocken, daß ich nicht reden konnte. Die Angst, daß ihn jemand gesehen haben könnte, war größer als meine Freude. Er half mir aus der Hängematte, und wir gingen ins Haus. Nun erzählte er, daß er mit dem Fahrrad gekommen sei, und er hätte es vorne neben die Tür gestellt. Meine Befürchtung, daß ihn bestimmt jemand gesehen habe, verstärkte sich. Sofort sauste ich nach unten und stellte das Rad in den Flur. Ich wollte auf keinen Fall, daß er auf dem Heimweg wieder durch das ganze Dorf fahren sollte. Wir warteten die Dämmerung ab, und im Dunkeln fuhr er dann um das Dorf herum auf die Dürener Landstraße".
Und dann sagte sie nach einer kleinen Pause: „Es ist nichts passiert, das mußt du mir glauben".

Gedicht zu Kaisers Geburtstag

aufgesagt von der Präparandin Helene Roggendorf im Jahre 1910 in der Präparandie in Düren aus dem Gedächtnis gesprochen von der Lehrerin Helene Roggendorf an ihrem 88. Geburtstag

Zülpich-Hoven, Mai 1984

Heil Dir, Wilhelm, teurer Kaiser,
ahnvererbter Lorbeerreiser
kränzen Schlachtschwert Dir und Thron.
Doch nicht nach dem Ruhm der Schlachten,
nach dem Ölzweig willst Du trachten.
Frieden sei Dein Ruhm und Lohn.
Aber Deutschlands Waffenehre
schützest Du mit starker Wehre.
Wie Dein Augenaufschlag blitzt!
Weh dem Kecken, Übermüt'gen,
welcher diesem feuerblüt'gen
Adler das Gefieder ritzt!
Kaiser Wilhelm, wir vertrauen Dir.
Fest auf Deine Stärke bauen wir.
Stolz und stark führst Du dein Schiff.

Wegweiser für Lehrerinnen

Das Auge der Lehrerin muß die ganze Klasse beherrschen, in jeden Winkel dringen, und die Kinder müssen sich dessen stets bewußt sein.

„Knabenzucht will harte Hände". Das ist ein altes wahres Wort. Aber wahr ist auch das Wort des alten Sokrates: „Wen das Wort nicht schlägt, den schlägt auch der Stock nicht".

Die Lehrerin gehört ganz der Schule, und alles muß daher als verwerflich erscheinen, was Geist und Seele profanen Zwecken dienstbar macht, deren Interesse dich deinem Beruf entfremden, oder auch das Feuer deiner Lehrerinnenbegeisterung nur bedrohen könnte.

Sich emanzipieren heißt, die führende Hand abweisen. Eine Lehrerin, die, solch führende Hand ablehnend, hinausgleitet in die ungezügelte Freiheit des Sichauslebens, entwürdigt ihren Stand und streift alles ab, was die Kulturwelt von jeher am Weibe als edel geschätzt hat.

Dein oberster Grundsatz sei: Einfachheit, Sauberkeit, Gediegenheit, Ordnung. Ich für meine Person sehe in der Schule die Lehrerin gern in eine große schwarze Schürze gehüllt.

Sie muß wissen, wenn es Zeit wird, den Heimweg anzutreten und welcher Art Fährnisse diesen bedrohen. Da gibt es gewollte und ungewollte Begegnungen, junge Lehrer der Nachbarschaft, die sich als ritterliche Begleiter aufdrängen. Vorsicht!!!!

Das ist die Lehrerin, die echte Klosterfrau im schlichten, unauffälligen, weltlichen Gewande, die kein Erdenlohn würdig bezahlen kann.

Willst du gesund und lebensfroh, dienstfreudig und dienstfähig bleiben, so übe dich erstens, zweitens und drittens in der Geduld.

Zitate aus: Wegweiser für Lehrerinnen von H. Hochscheidt, Trier 1905

Immer einfachere Schriften

Die deutschen Buchstaben der Kurrentschrift schrieb man mit der Gänsefeder. Als um die Mitte des 19.Jahrhunderts Stahlfedern auf den Markt kamen, verdrängten sie die Gänsefedern. Im Rheinland benutzte man die Stahlfeder 111 vom Soenneckenverlag in Bonn. Die Striche nach oben waren dünn (Haarstriche). Die Striche nach unten konnte man durch Druck anschwellen oder abschwellen lassen (Schwellstriche oder Druckstriche). Ab 1917 galten die Sütterlinbuchstaben. Diese auch deutschen Buchstaben hatten keine Schräglage mehr, und die Striche waren gleich dick. Man schrieb sie mit Sütterlinfedern. Ab 1941 schrieb man lateinische Buchstaben – mit leichten Veränderungen ab 1953 und 1984.

Deutsche Schrift: Kurrent bis 1917

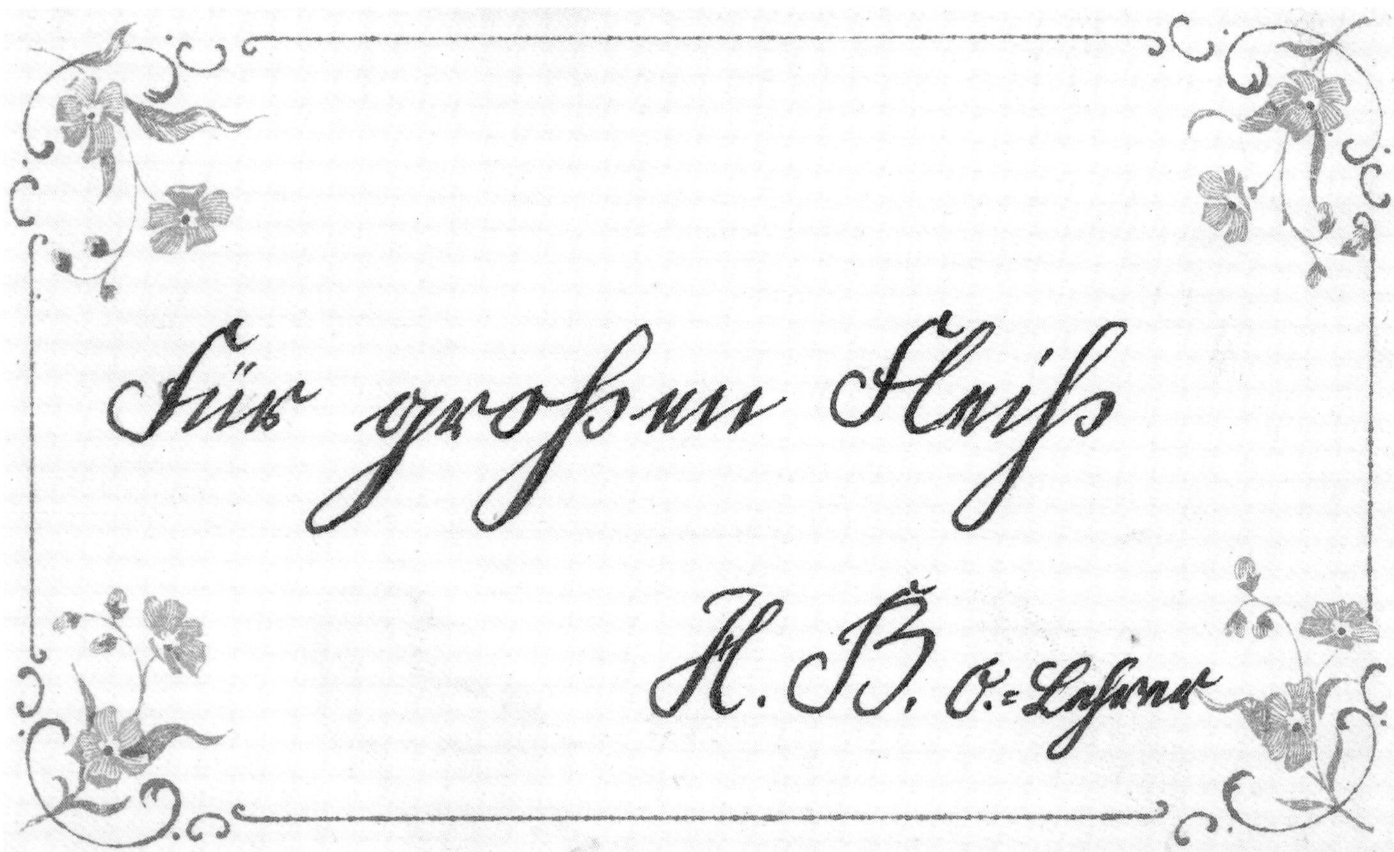

Deutsche Schrift:

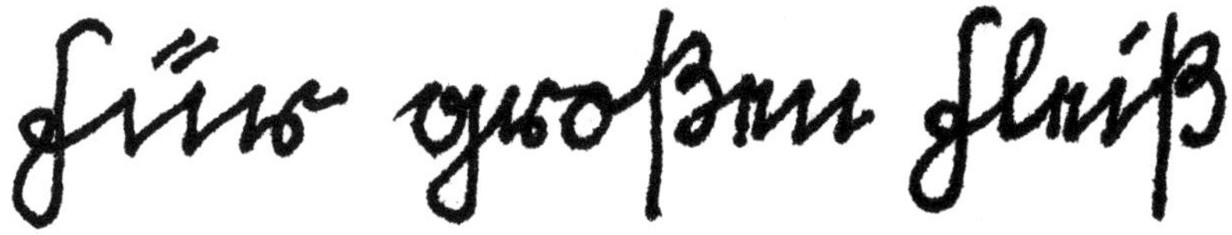

Sütterlin bis 1941

Lateinische Schriften:

Normalschrift ab 1941

Lat. Ausgangsschrift ab 1953

Vereinfachte Ausgangsschrift ab 1984

Alphabettafel der Kurrentschrift mit Schulfibeln

Alphabettafel der Sütterlinschrift mit Fibeln

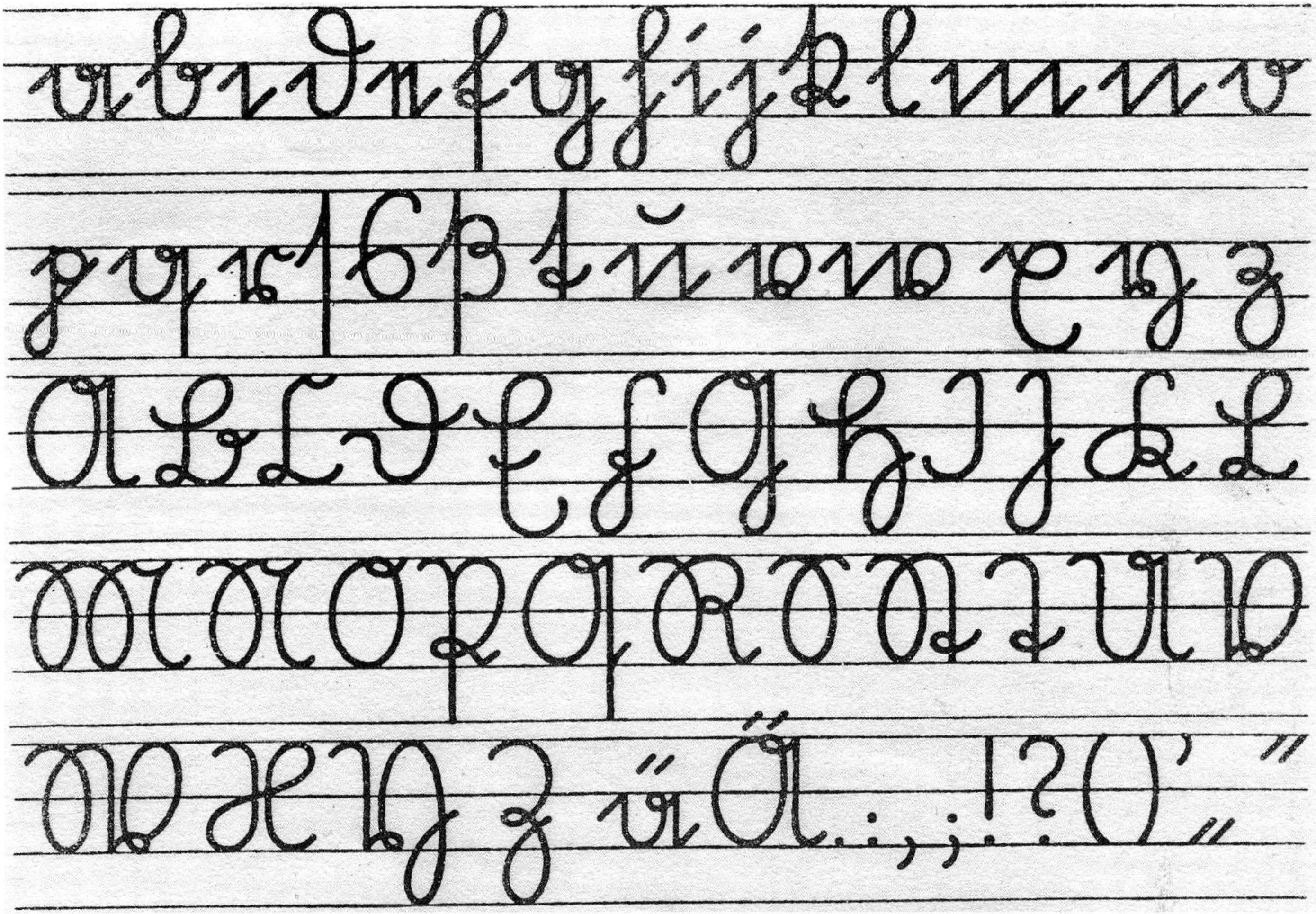

Sütterlinschrift

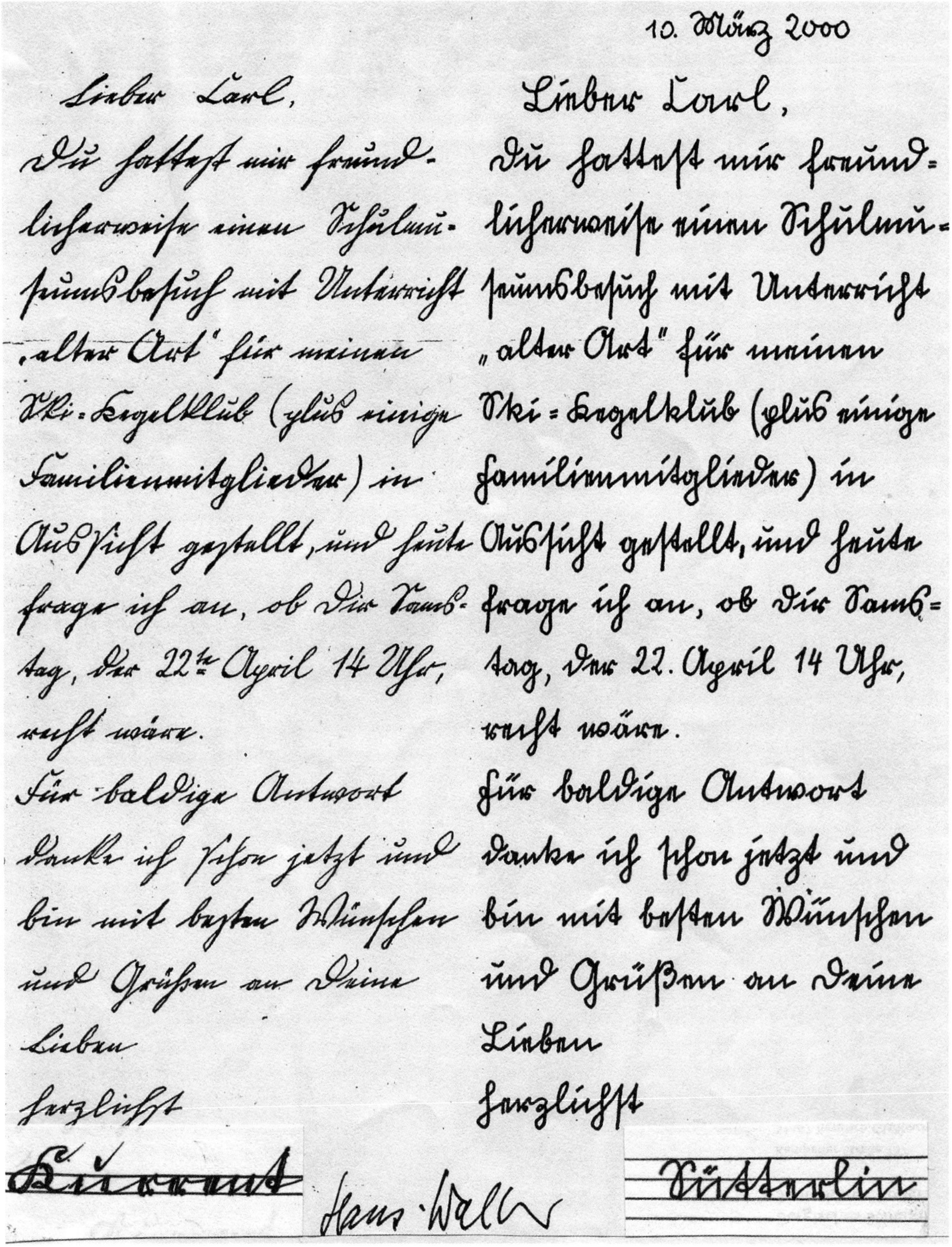

10. März 2000

Lieber Carl,

Du hattest mir freundlicherweise einen Schulmuseumsbesuch mit Unterricht „alter Art" für meinen Ski-Kegelklub (plus einige Familienmitglieder) in Aussicht gestellt, und heute frage ich an, ob Dir Samstag, der 22. April 14 Uhr, recht wäre.

Für baldige Antwort danke ich schon jetzt und bin mit besten Wünschen und Grüßen an Deine Lieben

herzlichst

Gegenüberstellung von Kurrent- und Sütterlinschrift

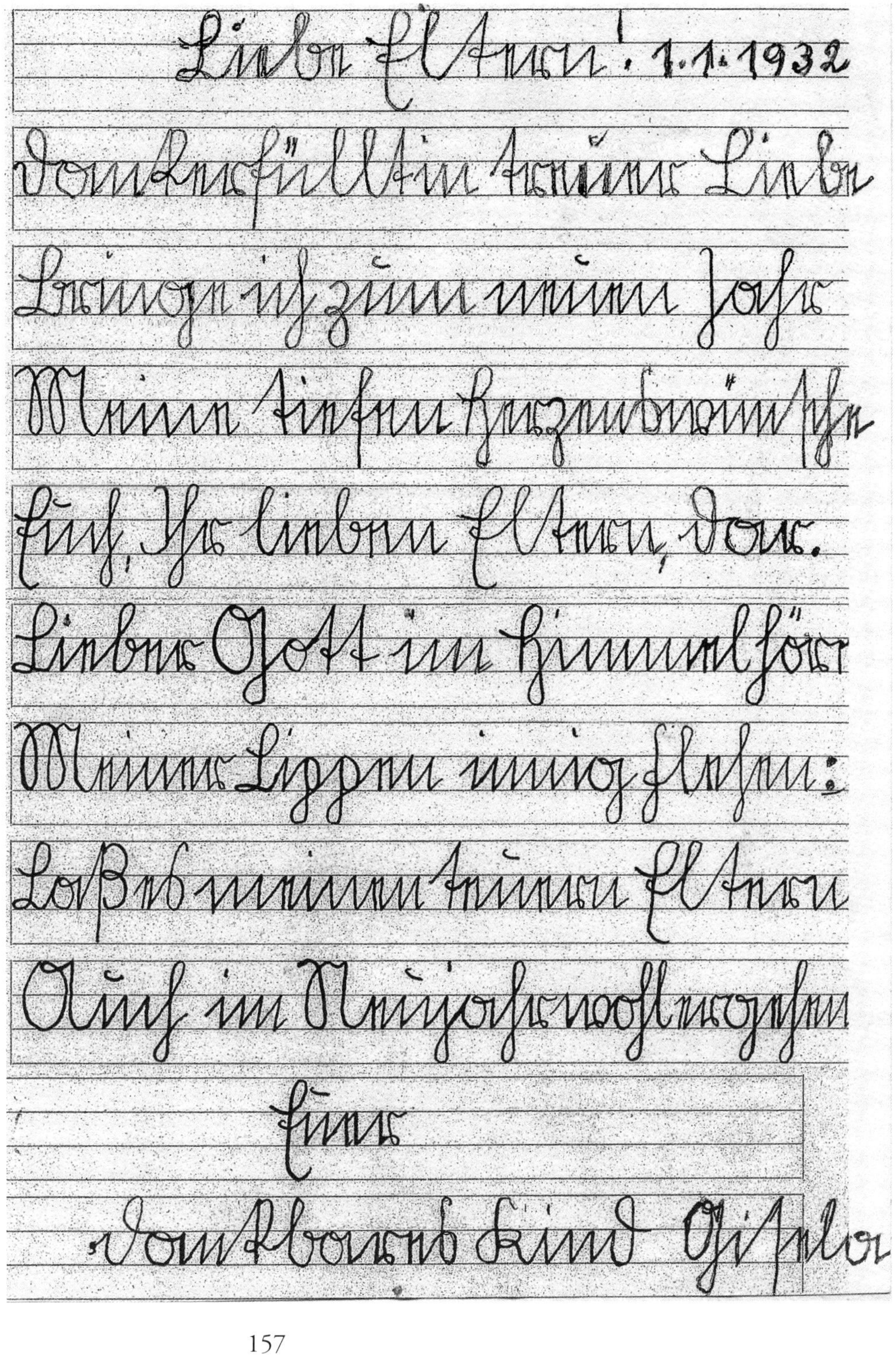
Liebe Eltern! 1.1.1932
Dankerfüllten treuen Liebe
bringe ich zum neuen Jahr
Meine tiefen Herzenswünsche
Euch, Ihr lieben Eltern, dar.
Lieber Gott im Himmel höre
Meine Lippen innig flehen:
Laß es meinen teuren Eltern
Auch im Neujahr wohlergehen
Euer
dankbares Kind Gisela

Neujahrsbrief eines Kindes an die Eltern (Sütterlin)

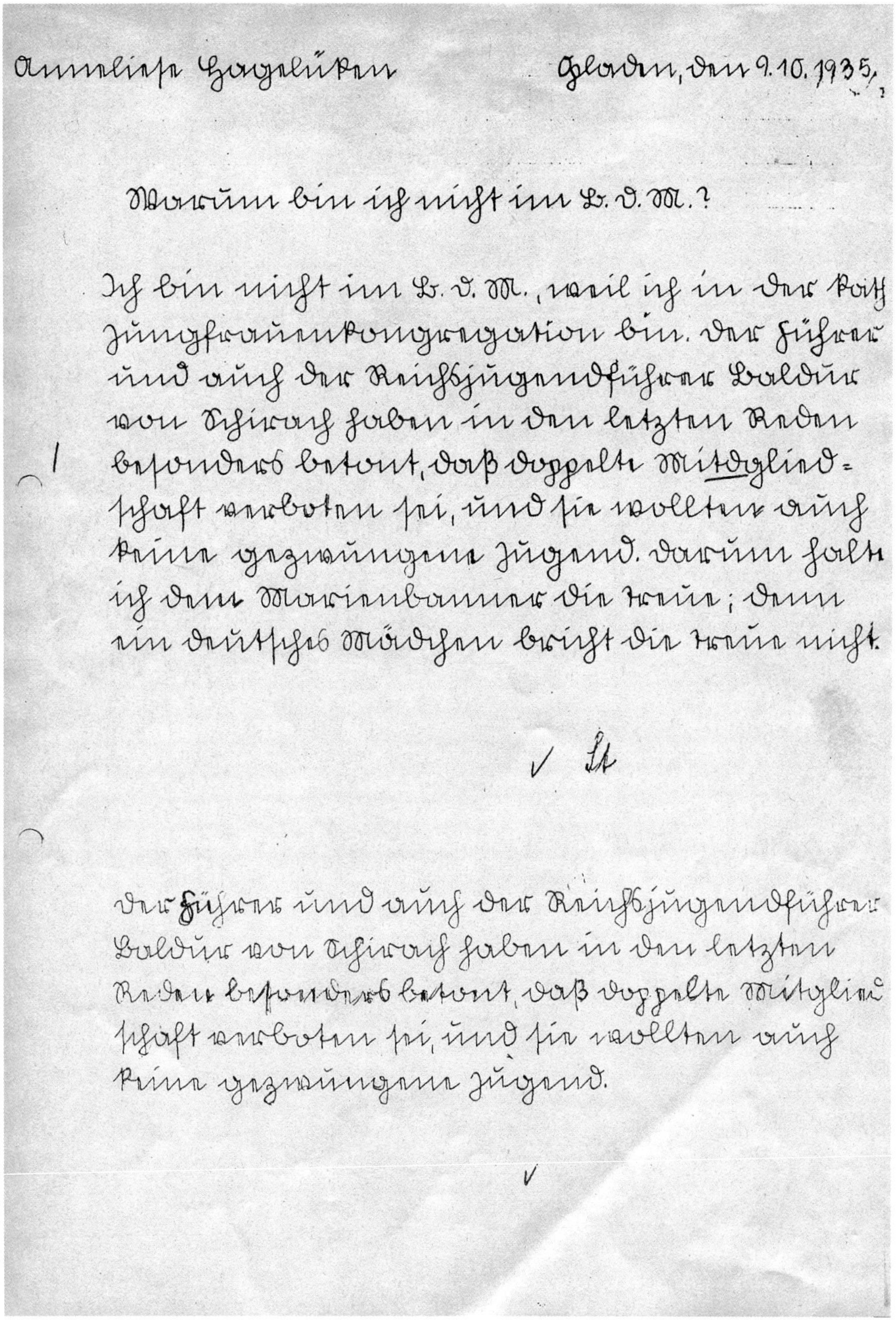

Anneliese Hagelüken Opladen, den 9.10.1935.

Warum bin ich nicht im B.d.M.?

Ich bin nicht im B.d.M., weil ich in der kath. Jungfrauenkongregation bin. Der Führer und auch der Reichsjugendführer Baldur von Schirach haben in den letzten Reden besonders betont, daß doppelte Mitgliedschaft verboten sei, und sie wollten auch keine gezwungene Jugend. Darum halte ich dem Marienbanner die Treue; denn ein deutsches Mädchen bricht die Treue nicht.

Der Führer und auch der Reichsjugendführer Baldur von Schirach haben in den letzten Reden besonders betont, daß doppelte Mitgliedschaft verboten sei, und sie wollten auch keine gezwungene Jugend.

Aus einem Aufsatzheft von 1935 (Sütterlin)

Beten und Singen in der alten Schule

In unserem Schulmuseum in Katterbach führt unsere Arbeitsgruppe regelmäßigen historischen Schulunterricht durch. Besonders gern unterrichten wir ältere Besuchergruppen. Da öffnen sich die Herzen von selber, wenn sie in den alten neunsitzigen Bänken sitzen. Sie stehen auf, wenn der Herr Lehrer im Gehrock hereintritt und begrüßen ihn mit: „Guten Morgen, Herr Lehrer!"
Das gemeinsame Gebet spricht der Lehrer vor und läßt es abschnittweise im Chor nachsprechen: „Lieber Gott! Mit Freuden haben wir uns heute wieder in der Schule versammelt. Wir wollen viel Gutes lernen, damit wir weiser, besser und glücklicher werden. Wir wollen vor allem Dir wohlgefälliger werden. Unserem lieben Lehrer wollen wir die Arbeit versüßen und fleißig und folgsam sein".
Danach gibt der Lehrer laut und streng folgende Anweisungen: „Hinsetzen! Die Hände liegen auf dem Tisch und sind ineinander gefaltet! Die Füße stehen mit der ganzen Fußsohle auf dem Boden! Der Rücken ist hinten angelegt, und die Augen ruhen auf dem Lehrer! Nichts liegt auf dem Tisch, was Kurzweil' verbreiten könnte".
Dann schreitet der Lehrer zum Harmonium, intoniert ein Vorspiel zu einem Kirchenlied (Lobe den Herren, Wer nur den lieben Gott läßt walten, Alles meinem Gott zu Ehren, Was Gott tut, das ist wohlgetan). Danach stimmt er Volkslieder an (Sah ein Knab ein Röslein stehn, Droben stehet die Kapelle, Am Brunnen vor dem Tore, Weißt du, wieviel Sternlein stehen, Was frag' ich viel nach Geld und Gut.. und andere mehr). Der Lehrer mußte bei der Auswahl der Volkslieder darauf bedacht sein, nur solche auszuwählen, in denen nichts vom „Liebchen" und vom „Schätzchen" vorkam. Meine Mutter, die in Kohlscheid bei Aachen die Schule besuchte, erzählte mir, daß sie damals das Lied „In einem kühlen Grunde" von Joseph von Eichendorff gesungen haben. Der Lehrer hatte den Text an die Tafel geschrieben mit einer kleinen Änderung. Statt: „mein Liebchen ist verschwunden", stand da: „mein Onkel ist verschwunden".

Geigen- und Orgelspiel waren verpflichtende Unterrichtsfächer

Illustration zur Fabel „Sperling und Pferd"

Unterricht mit dem Wandbild „Sperling und Pferd"

Lehrer: „Kinder, was seht ihr auf dem Bild?"

Kind: „Auf dem Bilde sehe ich ein Pferd, Herr Lehrer":

Lehrer: „Welche Farbe hat das Pferd?"

Kind: „Das Pferd ist weiß, Herr Lehrer".

Lehrer: „Wie nennt man ein weißes Pferd?"

Kind: „Ein weißes Pferd nennt man Schimmel, Herr Lehrer".

Lehrer: „Wiederhole die drei Sätze, die wir erarbeitet haben".

Kind: „Auf dem Bilde sehen wir ein Pferd. Das Pferd ist weiß.
Ein weißes Pferd nennt man Schimmel, Herr Lehrer".

Lehrer: „Wer oder was steht vor dem Pferd?"

Kind: „Vor dem Pferd steht eine Futterkrippe, Herr Lehrer".

Lehrer: „Jetzt spricht der Sperling: „Pferdchen, du hast die Krippe voll. Gibst mir doch auch einen kleinen Zoll.
Ein einziges Körnlein oder zwei.
Du wirst noch immer satt dabei".

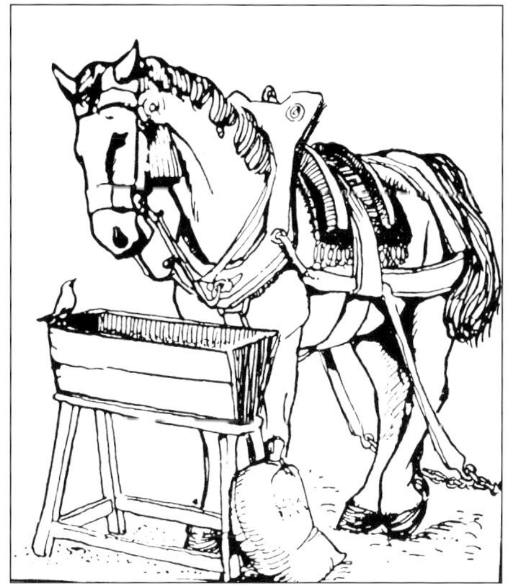

Drei weitere Bildbeispiele zur gleichen Fabel

Jetzt spricht das Pferd: „Nimm kecker Vogel nur immer hin!
Genug ist für mich und dich darin!" „Ist das ein gutes Pferd?"

Kind: „Ja, es ist ein gutes Pferd, Herr Lehrer".

Das Pferd ist gut. Das Pferd ist freigiebig, großherzig, warmherzig, lieb.
Einige Antworten waren: Das Pferd ist satt, das Pferd ist wie unser lieber Kaiser.

Der Lehrer schreibt an die Tafel: Das Pferd ist wohltätig.

Sprechchor: „Das Pferd ist wohltätig".

Lehrer: „Wohltätig sein ist eine gute Eigenschaft. Das Pferd ist ein Vorbild.
Wir können etwas von ihm lernen. Was lernen wir von dem Pferd?"

Unterricht mit der Fabel „Sperling und Pferd"

Kind: „Wir lernen vom Pferd, daß wir wohltätig sein sollen".

Lehrer: „In dem Satz steht ein Komma. Wir sprechen: Wir lernen vom Pferd, Komma, daß wir wohltätig sein sollen. Schreibt man hier das oder daß?"

Kind: „Wir schreiben daß mit ß, wenn man es nicht mit dieses oder welches vertauschen kann".

Wir probieren:

Sprechchor: „Wir lernen vom Pferd Komma, dieses wir........" (das geht nicht). „Wir lernen vom Pferd Komma, welches wir...." (das geht auch nicht).

Lehrer: „Wir sprechen: Wir lernen vom Pferd Komma, daß mit ß wir wohltätig sein sollen. Wir schreiben diesen Satz in Schönschrift ins Heft. Morgen sprechen wir über den Sperling".

An einem Morgen im April

Pünktlich um zehn Uhr fährt ein Bus auf den Schulhof, und vierzig Frauen steigen aus, und sie stellen sich in Zweierreihe vor der Schule auf.

Ich öffne die Tür und begrüße sie: „Guten Morgen, Kinder“, und sie antworten im Chor: „Guten Morgen, Herr Lehrer!“
So geht es fast jeden Tag, aber diese Gruppe habe ich im Gedächtnis behalten.
Immer schon wundere ich mich, daß die älteren Frauen keine Männer mitbringen. Nur manchmal sind auch zwei oder drei Männer dabei, die sich gleich hinten in die letzte Bank verdrücken. Wenn ich beginne mit dem Unterricht, meldet sich sofort einer von Ihnen und ruft: „Lauter!“

Dann hole ich zur Freude der Frauen alle Männer nach vorne in die erste Bank. Aber heute sind die Frauen unter sich, und ich frage – was ich bisher noch nie getan habe: „Warum habt ihr eure Männer nicht mitgebracht?“ Auf eine Antwort brauche ich nicht lange zu warten: „Die hammer alt lang verschlesse!“ Das heftige und ausgelassene Lachen stoppe ich schnell.

Eine Dame will mir erklären, wann für eine Frau das Leben anfange. Das kann ich gerade noch verhindern. Aber dann folgen unaufgefordert Beispiele: „Frauen lassen nicht die Köpfe hängen, wenn der Mann nicht mehr da ist. Sie fangen ein neues Leben an“. „Ich wollte schon immer mit ihm in den Kegelclub eintreten. Ich bin nach seinem Tode sofort Mitglied geworden“. „Ich hätte so gern Klavierspielen gelernt. Er konnte das -Geklimpere- nicht ertragen“. „Ich koche jetzt jede Woche einmal Erbsen- und einmal Bohnensuppe; mein Mann konnte sie nicht vertragen“. „Ich habe mir schon immer ein neues Badezimmer gewünscht. Er war immer dagegen“. „Ich mußte ein Haushaltungsbuch führen, und alle Ausgaben genau eintragen“. „Mein Mann bestimmte immer das abendliche Fernsehprogramm“. „Ich konnte mir nie etwas wünschen“. Ich wollte das Gespräch beenden, da meldete sich eine Dame, die bisher still zugehört hatte: „Ich möchte mal erzählen, was ich jeden Abend erlebte, wenn mein Mann nach Hause kam. Schlecht gelaunt betritt er das Wohnzimmer, schmeißt seine Tasche aufs Sofa und setzt sich in den Sessel, zieht seine Schuhe aus und seine Pantoffel an. Die Schuhe läßt er einfach so stehen. Dann öffnet er den Kragenknopf und zieht an seiner Krawatte und wirft sie über die Lehne. Jetzt steht er auf und geht in die Küche. Er öffnet den Kühlschrank und entnimmt ihm eine Flasche Bier. Er öffnet sie und setzt sie noch im Stehen an den Mund. Dann sucht er die Zeitung und sitzt im Sessel und studiert den Sportteil. Jeden Abend die gleiche Tortur. Spätestens dann würde ich am liebsten laut schreien. Er merkt nicht, dass du beim Frisör warst. Er sieht nicht, dass du eine frische Bluse anhast, dass du etwas Lippenstift aufgetragen hast, dass der Schrank heute an einer anderen Stelle steht, dass du die Bilder mal vertauscht hast, dass auf dem Tisch ein bunter Strauß Frühlingsblumen steht. Das habe ich ausgehalten, ohne zu schreien. Jetzt bin ich allein. Ich habe ein modernes Sofa gekauft. („Das Sofa ist doch noch gut!“) Ich besitze einen großen Teppich. („Wozu brauchen wir einen Teppich?“) Die beiden Sessel erstand ich im Möbelzentrum mit 45 Prozent Ermäßigung. („Die alten sind doch noch wie neu“.) Er hat meine Wünsche abgetan. Er hat es nicht gemerkt, dass ich traurig war. Er hat es nicht gesehen, was ich für das Haus getan habe. Er hat es fünfundzwanzig Jahre lang nicht gesehen, und jetzt bin ich endlich allein!“

Mittags erzähle ich meiner Frau von den fröhlichen Kölnerinnen und kann mir nicht verkneifen, sie zu fragen: „Würdest du auch etwas machen, was du jetzt vielleicht unterdrücken mußt, wenn ich einmal nicht mehr da wäre?“ Sie braucht nicht lange zu überlegen und sagt sofort: „Ja, dann würde ich jeden Abend in allen Räumen die Lampen anmachen!“ Ich habe das sofort verstanden, aber nicht geahnt, daß sie sich ärgert, wenn ich darauf bedacht bin, Strom zu sparen. Nun lasse ich alle Lampen brennen.

Am selben Nachmittag besuche ich meine Tochter in Muffendorf/Godesberg und treffe auf der Straße die Frau des Hauptlehrers, Frau Voigt. Da ich sie lange nicht gesehen habe, halte ich an und reiche ihr die Hand. Sie ist auffällig ruhig und sagt mir sofort, daß ihr Mann gestorben und vor vierzehn Tagen begraben wurde. Wir sprechen noch eine Weile über den lieben Verstorbenen, und dann sehe ich, daß sie einen großen Strauß Buschwindröschen in der Hand hält. „Sie haben Buschwindröschen gepflückt“, sage ich noch, ehe ich mich verabschiede, und sie antwortet: „Bei meinem Mann durfte ich ja niemals Buschwindröschen pflücken“. Dann sagte sie noch: „Ich bringe sie ihm jetzt aufs Grab“.

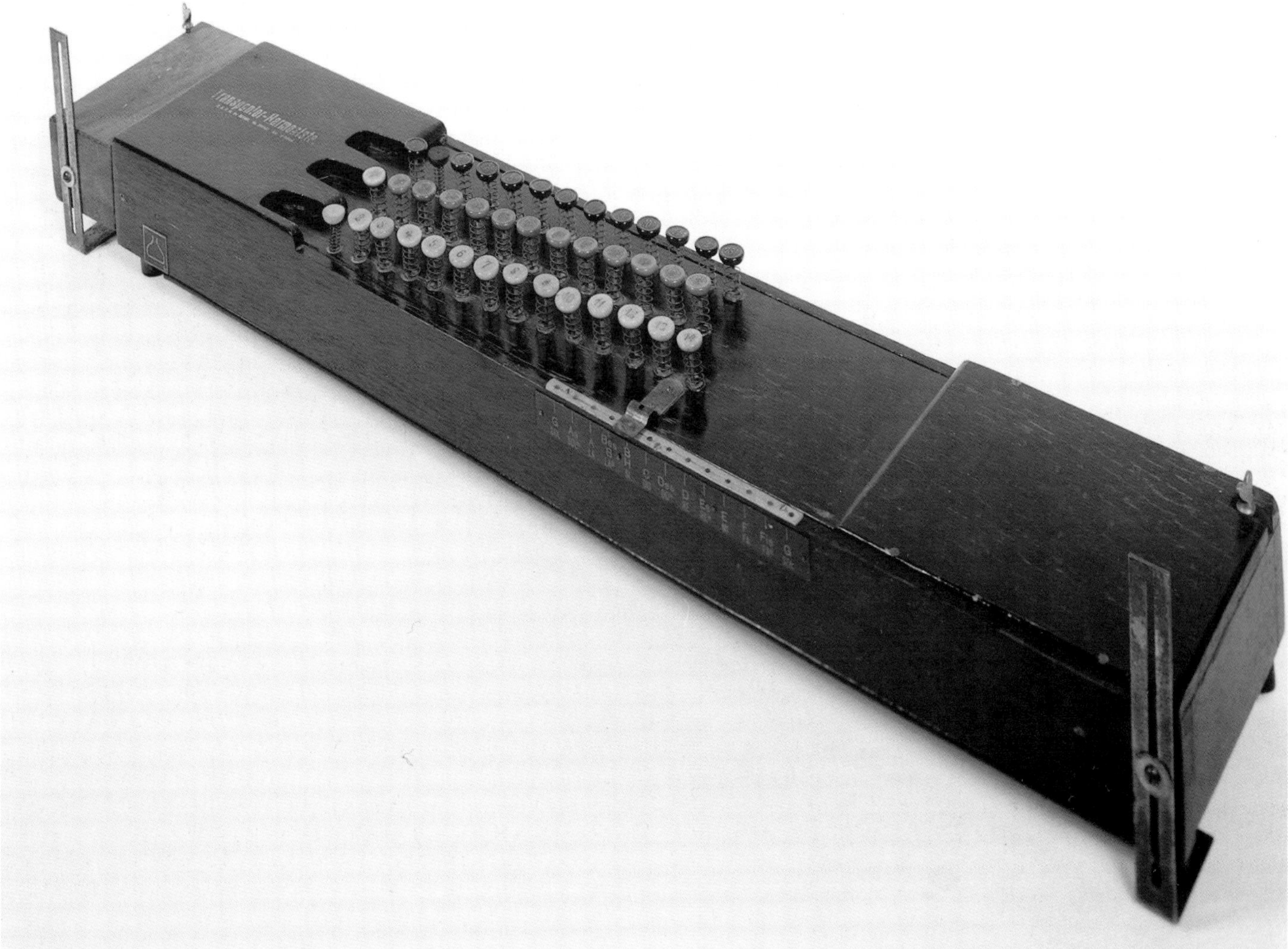

Transponierharmonista für Orgel und Harmonium

Transponierharmonista, der Apparat für unmusikalische Haushälterinnen, Lehrer und Lehrerinnen

Der Herr Pastor sagte zu seiner Haushälterin: „Ich habe dir eine Transponierharmonista mitgebracht. Ich zeige dir, wie du damit Orgel spielen kannst. Wir legen diesen Knopfapparat auf die Klaviatur, und du brauchst immer nur einen Knopf zu drücken. Dann fallen vier Holzstäbe aus dem Kasten auf die richtigen Tasten und ergeben einen Akkord. Vorher kann auf einfache Art jede beliebige Tonart eingestellt werden. Jede Tonart kann mit vierzig Akkorden bedient werden, in Dur und Moll“.

Der Herr Pastor malte über die Noten im Gesangburch die richtigen Ziffern. So habe ich es in Aarem bei Lechenich erlebt.Nach ihrer Pensionierung hat mir die Orgelspielerin, Fräulein Josefine, ihren Spielapparat geschenkt.

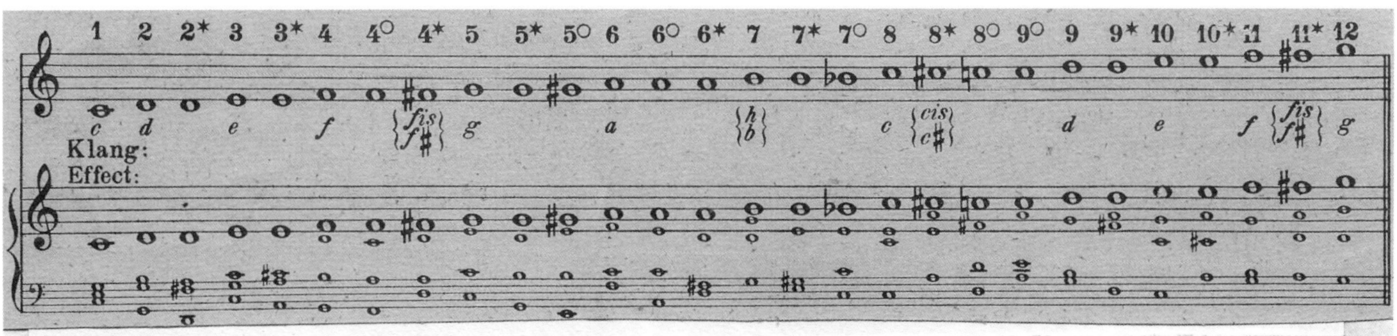

Anleitungen zum Gebrauch der Harmonista

Gerechtigkeit, nimm deinen Lauf!

Als ich den Klassenraum betrat, warteten die Schülerinnen schon auf mich. Es wurde sogleich ruhig, und die jungen Frauen erhoben sich von ihren Plätzen. Festen Schrittes ging ich an ihnen vorbei und erstieg die Treppenstufen des Katheders.

Alle standen wie angewurzelt da und erwiderten meinen Gruß: „Guten Morgen Herr Lehrer". Auf meine Frage, wer von ihnen die Schulmesse nicht besucht habe, antwortete niemand. Wir beteten. Auf das Kommando des Lehrers: „Hinsetzen!" nahmen sie Platz und gehorchten meinen weiteren Anordnungen.

Da klopfte es an die Tür, und herein trat eine junge Frau. „Komm nach vorne", rief ich ihr zu. „Warum kommst Du zu spät?" Leise flüsterte sie: „Ich habe mich verschlafen". Der Stock lag griffbereit. Die Schülerin streckte mir die linke Handfläche hin, und ich verabreichte ihr mit den Worten: „Gerechtigkeit, nimm deinen Lauf" drei sanfte Schläge auf die Hand. „Setz dich hin!" rief ich. Aber anstatt sich in die Bank zu den anderen zu setzen, verließ sie eilig durch die Tür den Klassenraum.

Als die Tür ins Schloß fiel, brach plötzlich ein lautes Gelächter aus. „Was ist?" rief ich, und alle schrieen gleichzeitig: „Sie gehört gar nicht zu uns". Ich eilte hinaus, um mich bei ihr zu entschuldigen.
Aber sie war wie vom Erdboden verschluckt.

Wandtafelbild für den Religionsunterricht

Wandtafelbild mit Adam und Eva im Paradies

Ein zweites Schuljahr aus Köln betrachtete mit mir ein altes Wandtafelbild von Adam und Eva im Paradiese. Die meisten Kinder sagten sofort: „Die beiden Menschen sind Adam und Eva. Das sind die ersten Menschen". Ein Mädchen erzählte, daß Gott zuerst Adam aus Lehm erschaffen hatte. Dann machte er aus einer Rippe des Adam die Eva. Beide lebten in einem schönen Garten. Mitten im Garten… Da gingen einige Finger hoch, und es gelang uns, die ganze Geschichte mit der Schlange und von Eva, die einen Apfel nahm und Adam verführte, zusammenzubringen.
Die zuhörende Lehrerin freute sich über ihre Kinder, und dann fragte ich noch: „Wie hieß denn der Garten?" Darauf konnten sie keine Antwort geben, bis auf einen türkischen Jungen: „Ich glaube, der Garten hieß Phantasialand".
Ich gab ihm für diese schöne Antwort ein Fleißkärtchen.

Sprich bitte im ganzen Satz

In der alten Schule galt der Grundsatz, daß die Schüler aus sich nichts wissen können. Aus diesem Grunde war es üblich, daß der Lehrer den Stoff vortrug. Er sprach dabei in „mustergültigen" Sätzen, die er auch während des Vortragens von den Schülern im Chor wiederholen ließ. So erreichte er sicher, daß die Schüler die ihnen unbekannte Hochsprache – sie sprachen besonders auf dem Lande zu Hause nur Mundart - durch das ständige Nachsprechen erlernten. Nach dem Lehrervortrag prüfte er die Schüler durch gezielte Fragen, auf die er eine Antwort im ganzen Satz und dem Zusatz „Herr Lehrer" erwartete. Außerdem erreichte er, daß sich seine Schüler durch diese einfache Unterrichtsmethode viel Wissen aneignen konnten. In der einklassigen Schule war es möglich, einen solchen Vortragsunterricht mit der ganzen Klasse vom ersten bis achten Schuljahr durchzuführen und die anschließende „Stillarbeit" dem Niveau der einzelnen Schuljahre anzupassen. Das war „innere" und „äußere Differenzierung" – schon lange bevor diese unterrichtliche Praxis als „neue Errungenschaft" verkündet wurde. Das Sprechen im ganzen Satz kann auch übertrieben werden. So ein Lehrer, der seine Frau fragte: „Liebst du mich eigentlich noch?" Sie antwortete gleich mit „Ja". Darauf soll er geantwortet haben: „Sprich bitte im ganzen Satz!".

Der „alte Mann"

Dä ahle Mann

Das Telefon läutete, und es meldete sich ein Mann aus Dedenborn in der Eifel: „Wir wollen Sie besuchen im Schulmuseum". Dann verabredeten wir Kalendertag und Uhrzeit. Er sagte noch: „Mir komme mit dem Kirchenchor, un mir sin 50 Personen. Sagen se mal. Do es doch ene ahle Mann. Dä hätte me jean als Lehrer. Könne se dem Bescheed sage?" „Jo, dä ahle Mann, ich sare em Bescheed". „Kann ich mich drop verlosse?" – „Jo, ich sare dem Bescheed, dem ahle Mann". Der ahle Mann bin ich selber.

Der ausgestopfte Igel

Die Rektorin einer Porzer Schule bat mich, die Schulstammrolle der Schule Lülsdorf in unserem Schulmuseum aufzubewahren. Da ich gerade dabei war, über Listenführung und amtlichen Schriftverkehr des Lehrers eine Ausstellung vorzubereiten, wartete ich nicht lange und fuhr

Illustration aus der Hessenfibel 1909

nach Lülsdorf. Das dicke, in Leder gebundene Buch mit den Namen aller Schulkinder seit 1870 lag auf dem Schreibtisch. Ich machte sie darauf aufmerksam, daß es ein sehr wichtiges Buch für die Geschichte der Schule sei, aber da die Schule aufgelöst wurde, wolle ich es gern in meine Sammlung aufnehmen. Sie war einverstanden, und ehe sie wieder in ihre Klasse ging, sagte sie: „Gehen sie bitte zu Frau B. in die Klasse. Sie hat etwas für ihr Museum". Frau B. war mir bekannt aus dem letzten „Miekätzchenkurs". Ich freute mich, sie wiederzusehen, und wir begrüßten uns herzlich. Auf dem Lehrertisch stand ein ausgestopfter Igel. Ich dachte noch, wie gut, sie läßt ihn an der Wandtafel lesen, wie das viele Lehrer mit

Aus der Fibel „Leselust“, 1915

Handpuppen machen. „O nein“, sagte sie, „ich habe ihn auf dem Speicher gefunden, er soll in ihr Schulmuseum“. Es war ein Prachtstück. Das ließ ich sie nicht zweimal sagen, und ich hätte sie auch am liebsten umarmt. Statt dessen flüsterte ich ihr liebe Dankesworte, um die vorbildlich still arbeitenden Kinder des ersten Schuljahres nicht zu stören.
Sie begleitete mich noch zur Tür. Da stand ein kleiner Junge auf und sagte: „Ich habe gehört, was der Herr zu ihnen gesagt hat“. „Nun, was hat er gesagt?“ „Er wollte sie zum Abendessen einladen“.

Fleißkärtchen

Eine ältere Dame berichtete mir am Telefon, sie habe eine Anzahl Fleißkärtchen, die sie mir gern schenken möchte. „Fleißkärtchen sind sehr selten, und da darf man nicht warten", dachte ich. Da die Dame im Ort wohnte, beschloß ich, sie sofort aufzusuchen. Ich setzte mich ins Auto und fand die Wohnung ohne Schwierigkeiten. Ich klingelte, sie öffnete die Tür und bat mich freundlich einzutreten. Ich trat ins Zimmer. Mein Auge fiel sofort auf den Tisch. Sollten das alles Fleißkärtchen sein, die da ausgebreitet lagen? Mit einem Blick war mir klar, daß da ein großer Schatz zu bewundern war. „Mein Gott", sagte ich, „wie kann einer so viel verschiedene Fleißkarten gesammelt haben". Ich war sprachlos. Auch handgeschriebene in schönster Kurrentschrift waren darunter. Ich wußte nicht, wohin ich zuerst schauen sollte. In meiner Freude, daß ich sie alle haben sollte, mußte ich jetzt etwas sagen: „Liebe Frau J. ich könnte sie umarmen!"
Darauf antwortete sie sofort: „Mein Mann ist im Keller!"
Ich nahm sie alle mit nach Hause und schenkte ihr unser Buch: Tornister, Tafel, Tintenfaß.

Fleißkärtchen

Fleißkärtchen

Für gute Aufsätze

Für Ordnung und Pünktlichkeit

Fleißkärtchen für Mädchen

„Man sieht nur, was man weiß."

Heute sah ich auf der Wiese vor dem Schulhaus einen Schmetterling, den ich euch jetzt beschreiben werde: Ich vergrößere ihn auf der Tafel, denn seine Spannweite beträgt nur vier Zentimeter. Wenn der Schmetterling seine Flügel ausbreitet, erkennt man auf den Spitzen der größeren Vorderflügel je einen orangenen Flecken. Sie leuchten bei Sonnenschein auf dem weißen Untergrund. Ich schreibe seinen Namen auf die Tafel:

A u r o r a f a l t e r

Am ehesten trefft ihr ihn auf dem Wiesenschaumkraut, seiner Futterpflanze, deren Nektar er bevorzugt. Hier legt das Weibchen immer nur ein einziges Ei ab. Es unterscheidet sich vom Männchen durch graue Flügelspitzen. Nach einem Unterrichtsgang stellt sich die Frage: Wie kommt es, dass wir den Schmetterling noch nie gesehen haben? Der Lehrer zitiert Goethe: „**Man sieht nur, was man weiß**." Dieser Lehrer, Bernhard Weißgerber, ist Professor geworden und bildet selbst Lehrer aus. Ich schenkte ihm zum 70. Geburtstag einen präparierten Aurorafalter mit folgendem Sinnspruch:

„Niemand kennt Aurorafalter
auf dem weiten Erdenkreis.
Bis ins hohe Lebensalter
sieht man nichts, als was man weiß."

Wer an das Schulmuseum schreibt, dass er einen Aurorafalter entdeckt hat, bekommt eine „Fleißkarte für Naturfreunde."

P.S. : Zwei Tage nach Verfassung des Textes las ich in der Zeitung: Schmetterling des Jahres 2004 ist der Aurorafalter

Fleißkärtchen für Naturfreunde

Gronauer Schulklasse mit Fräulein Höfer, 1883

Die Autorität des Lehrers

Der Lehrer hatte beobachtet, wie die Schuljungen an einem Leichenzug vorbeiliefen. Anstatt stehen zu bleiben und die Mütze abzunehmen, rannten sie vorbei zu den anderen Jungen, die auf der Wiese Fußball spielten. Das war für den Lehrer Grund genug, ihnen eine strenge Lektion zu erteilen. Er sagte: „Wenn ein Leichenzug durchs Dorf zieht, bleibt man stehen, nimmt die Mütze ab und spricht still für sich: Herr, gib dem Verstorbenen die ewige Ruhe. Man bleibt stehen, bis der Zug vorbei ist".
Den Inhalt seiner Ermahnungen mußten sie zu Hause aufschreiben. Ein Junge schrieb: Wir müssen stehen bleiben, wenn ein Leichenzug vorbeigeht, denn da könnte ein Lehrer im Sarg liegen.

Vier Kinder in jedem Bett

Die Schüler betrachteten im Schulmuseum Klassenfotos, wie sie besonders zur Schulentlassung, zur Konfirmation und Kommunion seit dem Ende des 19. Jahrhunderts angefertigt wurden. Das Bild aus der Volksschule Gronau kann stellvertretend für alle Schulbilder dieser Zeit sein (1883).

In der Mitte steht die Lehrperson, Fräulein Höver, umgeben von Kindern des ersten Schuljahres. Sie schaut selbstbewußt und streng, und ihre Schüler sehen ängstlich in die gleiche Richtung. Warum lachen sie nicht? Es gab nichts zu lachen, weder zu Hause, noch in der Schule. Wenn der Lehrer jetzt seinen Zuhörern erzählen kann, in welcher Armut diese Kinder aus meist kinderreichen Familien gelebt haben, dann sieht er in ihren Augen, wie sie aufmerksam zuhören und das Gehörte verarbeiten. Ein Junge aus dem 2. Schuljahr meldete sich: „Sie sagten, daß nur ein Schlafzimmer für Kinder im Hause war. Und jetzt sagen sie, die meisten Familien hatten zwölf Kinder. Wie können sie in einem Schlafzimmer Platz haben?" Ich antwortete ihm: „Zwölf Kinder liegen in drei Betten". Er überlegte einen Augenblick und sagte: „Bei uns hat jeder ein Bett für sich allein". Das war mir ganz recht. Jetzt konnte ich näher darauf eingehen, was wir heute zu Hause alles haben: Badezimmer, Waschmaschine, Toiletten,... (was die Menschen früher entbehren mußten).

Nach dem Beten kam der Junge noch einmal zu mir und sagte: „Es stimmt nicht, daß jeder bei uns ein eigenes Bett hat. Vater und Mutter müssen vorläufig noch zusammenschlafen".

Besuch einer Gymnasialklasse

Vor der Stunde überreichte mir die Klassenlehrerin ein Notenblatt mit einem Liedtext von Dietrich Bonhoeffer und bat mich, das Lied am Schluß der Stunde mit dem Harmonium zu begleiten.

Da ich gerade über Bonhoeffer gelesen hatte, kam der Gedanke, mein Thema zu ändern und den mir bekannten Text in meinen Unterricht aufzunehmen.

Ich sprach die Schüler etwa mit folgenden Worten an: „In zwei Wochen feiern wir Weihnachten, und auch ihr und viele Menschen sind mit Vorbereitungen beschäftigt. Es gibt auch Ferien, und man hat Zeit, sich von der Schule zu erholen. Ihr freut euch und habt auch schon Pläne, anderen dann eine Freude zu machen.

Es gibt auch Menschen, die sich vor den stillen Tagen fürchten. Sie haben Zeit, über ihre Sorgen nachzudenken – Arbeitsplatz, Finanzen, Anschaffungen, Krankheit, Operation, Krebs, Chemotherapie. Nicht wenige Leute haben Angst vor der Zukunft - Bilder im Fernsehen, Erdbeben, Flugzeugabsturz, Kriege, Attentate, Bomben".

Es ergab sich, daß Schüler bereit waren, über ihre eigenen Befürchtungen aus Familie und Alltag zu berichten.Es wurde auch der Gedanke erörtert, ob man selbst mithelfen kann, eine Gefahr zu erkennen. Vielleicht muß man seine Gewohnheiten prüfen oder ändern, sich anders verhalten, Vertrauen schenken, angebotene Hilfen annehmen.

Ich berichtete über ein Erlebnis mit meiner damals sechsjährigen Tochter Barbara. Wir machten eine Familienwanderung auf dem Rotweinwanderweg an der Ahr. Barbara und ich gingen Hand in Hand. An der rechten Seite des Weges waren halbhohe Mäuerchen, über die sie laufen wollte, wenn ich sie an der Hand hielt. Es ergab sich, daß die Mäuerchen aufstiegen, während unser Weg in gleicher Höhe verlief. Noch so gerade konnte ich ihr Händchen halten. Da blieb sie stehen und spürte die Gefahr. Angstvoll streckte sie beide Hände nach mir und weinte. Ich rief ihr zu: „Spring in meine Arme!" Sie hörte auf zu weinen und beugte sich nach unten. Aber unsere Hände konnten sich nicht mehr berühren. Es dauerte eine ganze Weile, bis sie sich endlich f a l l e n ließ und sicher in meinen Armen a u f g e f a n g e n wurde. Sie strahlte und umklammerte mich fest. Wir wiederholten den Sprung und beim dritten Mal stieg sie noch einen Schritt höher, so groß war ihr Vertrauen in ihren Vater gewachsen.

Dann lenkte ich zurück zu Dietrich Bonhoeffer. Ich konnte davon ausgehen, daß die Schüler, deren Schule seinen Namen trägt, über seinen Widerstand gegen Hitler unterrichtet waren und daß ein geplantes Attentat mißlang. Er wurde mit vielen anderen verhaftet und zum Tode verurteilt. Im Konzentrationslager Buchenwald wartete er zwei Jahre auf seine Hinrichtung. In dieser Zeit war er allein und suchte seine Zuflucht bei seinem Herrgott.Seine erschütternden Verse zeigen sein felsenfestes Vertrauen zu Gott, der ihn a u f f a n g e n wird. Mit dieser Gewißheit ging er in den Tod.

Die fünf Strophen haben die Mädchen vorgesungen, und die Jungen stimmten im Refrain mit ein.

„Von guten Mächten wunderbar geborgen,
erwarten wir getrost, was kommen mag.
Gott ist mit uns am Abend und am Morgen,
und ganz gewiß an jedem neuen Tag.
Von guten Menschen treu und still umgeben,
behütet und getröstet wunderbar.
So will ich diese Tage mit euch leben
und mit euch gehen in ein neues Jahr.

Refrain:
Von guten Mächten wunderbar geborgen,
erwarten wir getrost, was kommen mag.
Gott ist mit uns am Abend und am Morgen,
und ganz gewiß an jedem neuen Tag.

Noch will das Alte unsere Herzen quälen,
noch drückt uns böser Tage schwere Last.
Ach Herr, gib unsern aufgescheuchten Seelen
das Heil, für das du uns bereitet hast.

Und reichest du den schweren Kelch den bittern
des Leids, gefüllt bis an den höchsten Rand,
so nehmen wir ihn dankbar ohne Zittern
aus deiner guten und geliebten Hand.

Doch willst du uns noch einmal Freude schenken
an dieser Welt und ihrer Sonne Glanz
dann woll'n wir des Vergangenen gedenken
und dann gehört dir unser Leben ganz.

„Niemand weiß, was morgen ist" (Jahresende 2003)

Das Wochenblatt „Die Zeit" stellt in seiner letzten Ausgabe 2003 zweiunddreißig Fragen an die Agenda 2003 unseres Bundeskanzlers und läßt sie von Experten, Fachleuten, Forschergruppen und Instituten mehr oder weniger ernsthaft beantworten.
Da erfahren wir beispielsweise, daß die Züge der Bundesbahn bald keine Verspätungen mehr haben werden, daß der Berggorilla im Ostkongo durch das Fällen der Bergwälder weniger Lebensraum haben wird, daß die Schiedsrichter bald keine Fehlentscheidungen mehr treffen können, weil ein kleiner Computer ihnen die richtige Entscheidung abnimmt. Wir lesen, daß wir trotz zunehmender Verschmutzung unserer Meere wenigstens noch Makrelen verzehren können, daß sich unsere Lebenserwartungen um zwei Jahre verlängern, daß es trotz „klonwilliger" Wissenschaftler keine geklonten Menschen geben wird.

Interessant ist, was sie für Schule, Bildung und Wissenschaft voraussagen. Stehen deutsche Schulen im nächsten „Pisa-Ranking" auf einem Spitzenplatz? Die Spezialisten sind vorsichtig und lenken den Blick zunächst auf Kindergärten und Grundschulen, an denen Leistungssteigerungen allmählich beginnen und sich nach oben fortpflanzen sollen. Man darf gespannt sein, wie in Gymnasien, Hauptschulen und Realschulen „muffige Strukturen" aufgelöst und wie mit Selbstverantwortung erfolgreicher gearbeitet werden kann. Sollen die Gebühren abgeschafft oder nach Attraktivität einzelner Fakultäten festgelegt werden? Die Frage, ob wir mit amerikanischen Spitzenuniversitäten konkurrieren können, muß wegen Geldmangels und „politischer Mutlosigkeit" verneint werden.

Innerhalb weniger Jahre haben Computer die Welt erobert und sind bemerkenswert schnell als vielversprechendes Medium in den Schulen aufgenommen worden. Auch im Schulmuseum ist das Gerät willkommen, Ordnung und Übersicht in die große Vielfalt der Objekte zu bringen.

Ich persönlich möchte noch das Schreiben mit dem Computer erlernen. Ob er aber die große Bedeutung für die Bildung unserer Kinder haben sollte, die ihm heute schon vorausgesagt wird, muß sich noch herausstellen.
Auf die Frage, wo wir unseren radioaktiven Müll lagern, antwortet Johann Wolfgang von Goethe, Geheimer Rat in Weimar und Dichter mit „begrenzter Halbwertszeit“: „Über allen Gipfeln / ist Ruh, in allen Wipfeln / spürst du/ kaum einen Hauch;/ die Vöglein schweigen im Walde./Warte nur, balde/ ruhest du auch.“

In Köln sagt man: „Et kütt, wie et kütt!“

Neue Freunde in Brandenburg

Nach der Wiedervereinigung von Ost- und Westdeutschland entstand durch Vermittlung von Professor Dr. Klaus Goebel von der Universität Dortmund eine Partnerschaft zwischen uns und dem kleinen Ort Reckahn in Brandenburg, der in der Schulgeschichte einmal eine bedeutende Rolle gespielt hat. Hier residierte ein Mann, der im Jahre 1776 ein Lesebüchlein für Volksschulkinder veröffentlichte, das „viel tausendmal“ gedruckt und nachgedruckt und ungezählte Nachahmungen gefunden hat“. Der Verfasser war merkwürdigerweise kein Schulmann, sondern ein Gutsherr und ehemaliger Offizier Friedrich des Großen, der Freiherr Friedrich Eberhard von Rochow auf Reckahn. Er beklagte den traurigen Stand der Volksschulen und die Unerfahrenheit vieler Lehrer. Deshalb baute er neben seinem Schloß eine Schule und fand auch einen Lehrer,

Der
Kinderfreund.
Ein
Lesebuch
zum Gebrauch
in Landschulen.
Von
Friedrich Eberhard von Rochow,
Erbherrn auf Reckan :c. :c.

Für zween Groschen in gutem Gelde.

Brandenburg und Leipzig,
in Commission zu haben bey den Gebrüdern Halle,
1776.

Erstes weltliches Lesebuch von 1776

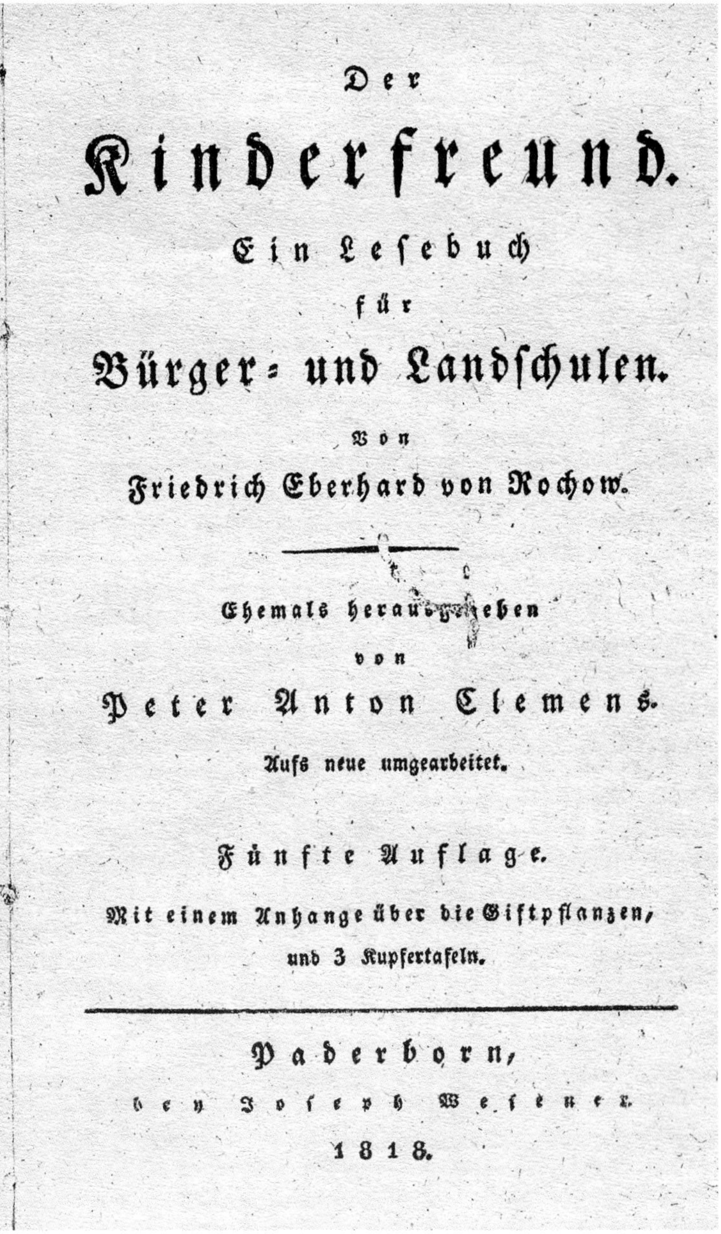

Der

Kinderfreund.

Ein Lesebuch

für

Bürger- und Landschulen.

Von

Friedrich Eberhard von Rochow.

Ehemals herausgegeben

von

Peter Anton Clemens.

Aufs neue umgearbeitet.

Fünfte Auflage.

Mit einem Anhange über die Giftpflanzen,

und 3 Kupfertafeln.

Paderborn,

bey Joseph Wesener.

1818.

Spätere Ausgabe des berühmten Lesebuches von Eberhard von Rochow

Das Rochowsche Schulhaus (1773) in Reckahn

der das selbständige Denken seiner Schüler entwickelte und ihnen half, durch dialogisches Lernen die Nutzanwendungen der Lesestücke allein zu finden. Zahlreiche Lehrer besuchten den Herrn Bruns und lernten von ihm.

Ein Mitglied unserer fünfzehnköpfigen Arbeitsgemeinschaft Schulmuseum, Frau Magdalene Trier, konnte auf Wunsch der Reckahner ihr Projekt „Seidenbau in Preußen“ anbieten und fuhr in Begleitung ihres Mannes mit vollgepacktem Bus dorthin, um ihr Projekt aufzubauen. In einer späteren Dauerausstellung „Vernunft fürs Volk“ lieferten wir Geräte zum Seidenbau und Bilder und Abbildungen aus dem „klugen Hausvater“.

Lehrer sind Gelegenheitsdichter

Lehrer feiern Fastelovend

Im Jahre 1968 habe ich die Lehrerschaft des gesamten Schulaufsichtsbezirks Rheinisch Bergischer Kreis erstmalig zu einer gemeinsamen Karnevalsfeier eingeladen. Es war ein voller Erfolg, obwohl wir wenig Erfahrung hatten mit der Organisation. Es meldete sich die Kreissparkasse Köln, die ihre Hilfe anbot mit Beratung und finanzieller Unterstützung. In den folgenden Jahren bildete sich eine Tanzgruppe der Damen und ein Männerchor, der bis heute besteht und der fast vierzig Jahre lang die Szenen aus der Schule besingt und besonders die Arbeit der Ministeralen und Schulräte auf's Korn nimmt. Der karnevalserfahrene Helmut Ritter übernahm die Spielleitung. Karl-Heinz Hansen hat die meisten Texte verfaßt, Hans Neuheuser leitete die Proben. Georg Blasel und Heinz Arling verwandelten viele Melodien in Chorsätze, und Carl Cüppers saß am Flügel. Jetzt sind wir alle pensioniert und versuchen seit Jahren einen Schluß zu finden. In vierzig Jahren ist es uns bisher noch nicht gelungen, und es macht immer noch Spaß.

Im Herbst macht der Chor einen Ausflug an die Ahr. Am Ende einer mehrstündigen Wanderung, bei der wir uns planmäßig immer ein bißchen verlaufen (trotz Wanderführer Heinz Arling), haben wir die Weinstube Jakob Hoster in Rech noch immer gefunden. Hier stärken wir uns mit einem strammen Max, löschen unseren Durst mit dem gepriesenen Ahrrotwein „bestes Faß" und singen zum verstimmten Klavier die alten Lieder der vergangenen Jahre. Dabei werden wir uns allmählich immer stärker bewußt, daß es grundfalsch wäre, jetzt die Tradition zu brechen und aufzuhören, wo wir doch immer noch in den „besten Jahren" sind und erfinden zu vorgerückter Stunde dann ein neues Motto für den Lehrerkarneval im nächsten Jahr und hängen wieder drin.

Es war ein Fräulein in Herkenrath

Es war ein Fräulein in Herkenrath,
das ständig gute Werke tat.
Bis auf die Bene
wie Dietrich Marlene.
Der Schulrat es bemerken tat.

Es war ein Fräulein in Overath,
das viel zu enge Pullover hat.
Das hebt seine Form
zwar ganz enorm.
Das Haar es wie Zinnober hat.

Es war ein Fräulein in Gierath,
das zwar ein Sternbild im Stier hat.
Doch trotz dieser Mängel
ein richtiger Engel.
Und für die Schule ein Zierrat.

Es war ein Fräulein in Kürten,
das trägt ein Kränzlein aus Myrthen.
Will von Lehrern nichts wissen.
Läßt sich nicht einmal küssen.
Es sucht einen Unstudierten.

Es war ein Fräulein in Refrath,
Figürchen wie die Knef hat.
Kann auch nicht singen,
Tanzen und springen.
Und Augen wie grüne Seef hat.

Es war ein Fräulein in Rösrath,
das einmal dies, einmal dös hat.
Das Dies ging noch hin,
doch das Dös war schlimm.
Und oft es sich auf die Föß trat.

Es war ein Fräulein in Wermelskirchen,
das hatte häufig das ärme Dierchen.
Der klare Korn
war sein Lebensborn.
Jetzt hat sie es an den Nierchen.

Es war ein Fräulein in Schildgen,
zu dem sprach der Schulrat: „Hildgen,
halte dich rein,
sittsam und fein,
bekommst auch ein Heiligenbildchen".

Es kam ein Fräulein vom Niederrhein,
dem waren ständig die Mieder zu klein.
Wenn das Gezwängte

nach oben drängte,
dann stopfte sie's einfach wieder rein.

Es war ein Fräulein aus Forsten,
dem wuchsen am Rücken Borsten.
Malheur, Malheur,
es ging zum Coiffeur
und ließ sich gründlich durchforsten.

Es war ein Fräulein in Gladbach,
das sich ein Bein in der Stadt brach.
Tagein, tagaus
die Schule fällt aus.
Und auf der Couch es so matt lag.

Es war ein Fräulein in Biesfeld,
das seinen Schulrat für fies hält.
Er setzte ihm Fristen
für seine Listen.
Seitdem es immer nur dies quält.

Es war ein Fräulein in Tente,
Das hatte viele Talente.
Es machte Spagat
Da platzt seine Naht.
Es war zu korpulente.

Es kam ein Fräulein aus Satzvey,
das brachte ihrem Schatz bei:
Wenn ein Mann
keinen Nerz kaufen kann,
Bei ihm fehl am Platz sei.

Es kam ein Fräulein aus Kommern,
Das liebte vor vielen Sommern
'nen Fremdarbeiter.
Der zog dann weiter.
Nun lebt es mit einem aus Pommern.

Es ging ein Fräulein in Holweide
Am Abend einsam über die Heide.
Ein Seufzer bang sich ihm entrang:
„Ach täte mir einer mal was
Zu Leide!"

Es kam ein Fräulein aus Blatzheim,
das meinte, es müßte noch Platz sein
trotz starker Schmerzen
in seinem Herzen
für einen neuen Schatz sein.

Es kam ein Fräulein von Mützenich,
das wollte plötzlich bützen mich.
Ohne zu fragen,
Da konnt' ich nur sagen:
„Lieber Gott, beschütze mich."

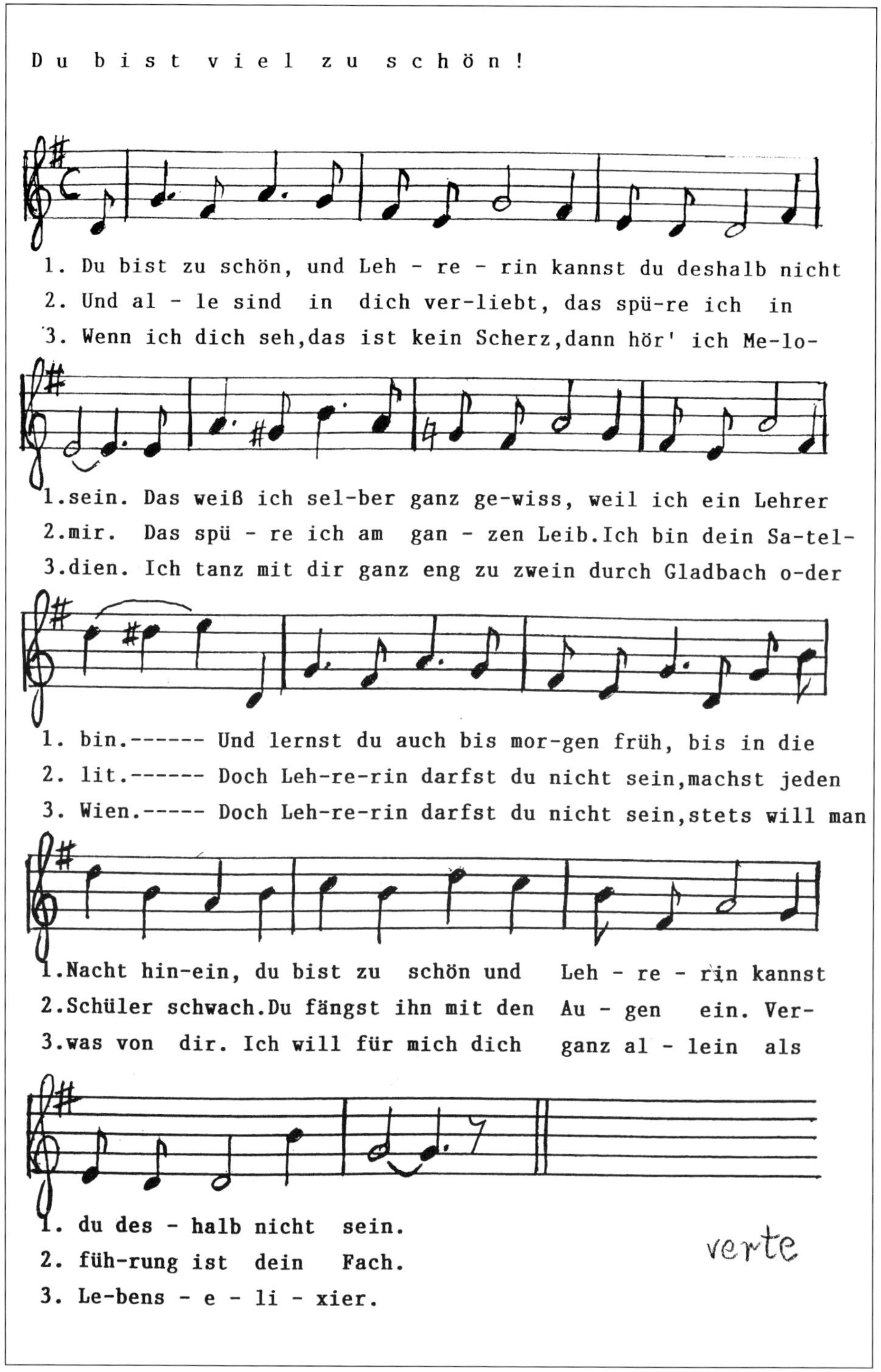

Lehrerkarneval 1978

Tünnes un Schäl

In Köln leben zwei ganz wichtige und beliebte Männer, bei denen der Kölsche Humor so richtig zur Wirkung kommt. Sie sind eigentlich nicht in Köln geboren, sie sind überhaupt nicht geboren, deshalb können sie gar nicht existieren. Trotzdem leben sie mitten unter uns, und jeder kennt sie. Jeder sucht sie, will sie finden und freut sich, wenn die bei den sich unterhalten.
Mit ihnen wird das Leben leicht und lustig. Sie sind in der ganzen Welt bekannt und berühmt. Aber ihre Heimat ist mitten in Köln, am Eijelstein, am Bottermaat, unter Kranenbäumen oder em Vringsveedel. Man begegnet ihnen an der Theke, beim Zahnarzt, beim Frisör, om Nümaat, en de Schull un sujar en dr Kirch. Sujar bei dä ahl Römere woren se schon dobei. Einer vun dä zwei reef janz laut, wie die op de Stadt ahnmarschierten: „Dä Zoch kütt!" Auch als die Franzosen später die Stadt angreifen wollten und mit Kanonen schossen, rief einer von ihnen: „Wat scheeßt ihr he erom, seht ihr nit, dat he alles Lück stonn?" Kurzum, immer sind die beiden dabei, op de Kinddäuf, un beim Brautamp reef dä Tünnes, wie dä Schwiejervatter met däm Bräutijam en die Kirch kumme dät: „Do brängen se ihn eren!"

Tünnes un Schäl treffen sich op dr Huhstroß:

Tünnes: Wer kütt dann do jejange? Jott sei Dank, dat ich dich noch ens treffe. Wo beste dann immer eröm?

Schäl: Ich ben jetz fein erus, dat heiß: Ich wor ...

Tünnes: Ich sin, do häs en Uniform ahn.

Schäl: Ävver nit mih lang. Am Eeschten muß ich die Uniform widder afjevven. Ja, ich wor bei dä Polizei. Ich hatt en schön Stell.

Tünnes: Dat wor ävver secher jeföhrlich? Nu verzäll ens, woröm do ding Stell verlore häs!

Schäl: Jo, ich mot immer die Verbrecher vun dä Polizeistation em Fringsveedel nohm Klingelpötz brenge.

Tünnes: Dat es doch en schön Arbeit.

Schäl: Dat denkste och nur, ävver dat es en lang Jeschichte. Kumm, mir drinken uns beim Früh en Jläsje Kölsch, dann kann ich besser verzälle… Su, vör veezehn Daach hat ech widder nen Verbrecher nohm Klingelpötz zu brenge.
Wie ich nu durch de Bobstroß jing, sät dä för mich: „Herr Wachtmeister, kann ich mir he jrad e paar Brütcher holle jon?"
Ich sagen: „Jo, jangk flöck, ävver kumm tireck widder zoröck!"
Ich zällen bis zwanzich, bis dressich … Wo bliev dä Käl denn?
Ich eren en dä Laden un sagen för die Frau: „Hat ihr keine Verbrecher jesin?"

Frau: Wat för ne Verbrecher?

Schäl: Ne schwere Mann met lang, schwatze Hoore!

Frau: Ija, dä es an dä Dür noh dä Fleischmengerjass erusjelaufe.

Schäl: Ich erus, un wat meinste, ich hätt dä Möpp jefunge?
Dä wor wie vum Erdboddem verschwunden …
Als ich widder en die Polizeistation zoröck kom, han ich tireck jesaat, wat mir passeet wor. Die sin en dä Wage jesprunge un han dä Käl tatsächlich jeschnapp, wie hä jrad em Kaufhof verschwinde wollt. Dat wor mi Jlöck. Un dann han se met mir jeschannt, un ich sollt ihn widder en dä Klingelpötz brenge.

Wie mir widder en de Bobstroß sin un an dä Bäckerei vörbei, sät dä Käl för mich: „Herr Oberwachtmeister, darf ich mir jrad e paar Brütcher holle jon?" Ich sage: „Minge leeve Verbrecher. Ich zällen bis zwanzich, un dann beste widder do!"

Ich öm dat Hus eröm un mich an de Fleischmengerjass posteet. Ich zällen bis zwanzich, un dann ben ich eren en dä Lade. Keine Spur vun mingem Verbrecher. Ich frogen tireck: „Wo es dä Mann, dä jrad die Brütcher jehollt hät?" „Dä es jrad an dä Bobstroß erus". Ich eraus, un wat denkste? Dä Käl wor widder fott. Ich hatt'kein Kurasch, widder noh dä Station ze jon un mi Unjlöck zu bichte. Ävver wat sollt ich maache? Wie ich eren kohm, sät dä Chef: „Allt widder do? Dat jing jo flöck?" Ich sagen: „Dä Verbrecher hat mich ärch enttäuscht. Hä es an de Bobstroß die verkehte Dür erus, un dann wor hä widder fott". Do kannste denken, wat die för Jeseechter jemaat han. Alle Mann eraus un en dä jroße Mannschaftswage un ab wie die Feuerwehr. Ich han do jesesse un jewaad un han jebett, un noh zwei Stund komen se met ihm ahnjeschleif. Do han ich däm Käl ävver ens schwer die Meinung jesaat. Un hä wor janz blaß un sät: „Entschuldijen se, Herr Hauptwachmeister, ich hatt doch su nen jroßen Kohldamp. Ich dun et och nit mih!" Un dä Boß sät för mich: „Also dat wor et letztmol, dat letztmol, dat mir dä Verbrecher widder enjefange han. Wenn dat jetz noch eimol passeet, schmieße mir dich erus, un do kanns sin, wo de blievs!"

Dat jing mir natürlich zu Hätze un ich han jesaat: „Bitte, Herr Polizeirat, jevven se mir noch eine Chance, bitte, ich han en kranke Frau un vier Pänz zohus". Dat met dä kranke Frau un dä vier Kindere es ihm an et Hätz jejange un hä sät: „Dann en Joddes Namen, dat es et allerletzte Mol!"

Ich mir dä undankbare Käl jeschnapp un ab en Richtung Klingelpötz. Wie mir widder en de Bobstroß kumme un an dä Bäckerei vörbei, sät dä för mich: „Herr Polizeihaupwachmeister, darf ich mir jrad e paar Brütcher holle?" Do sagen ich: „Männche, nix do. Do blievs he ston, un ich hollen die Brütcher".

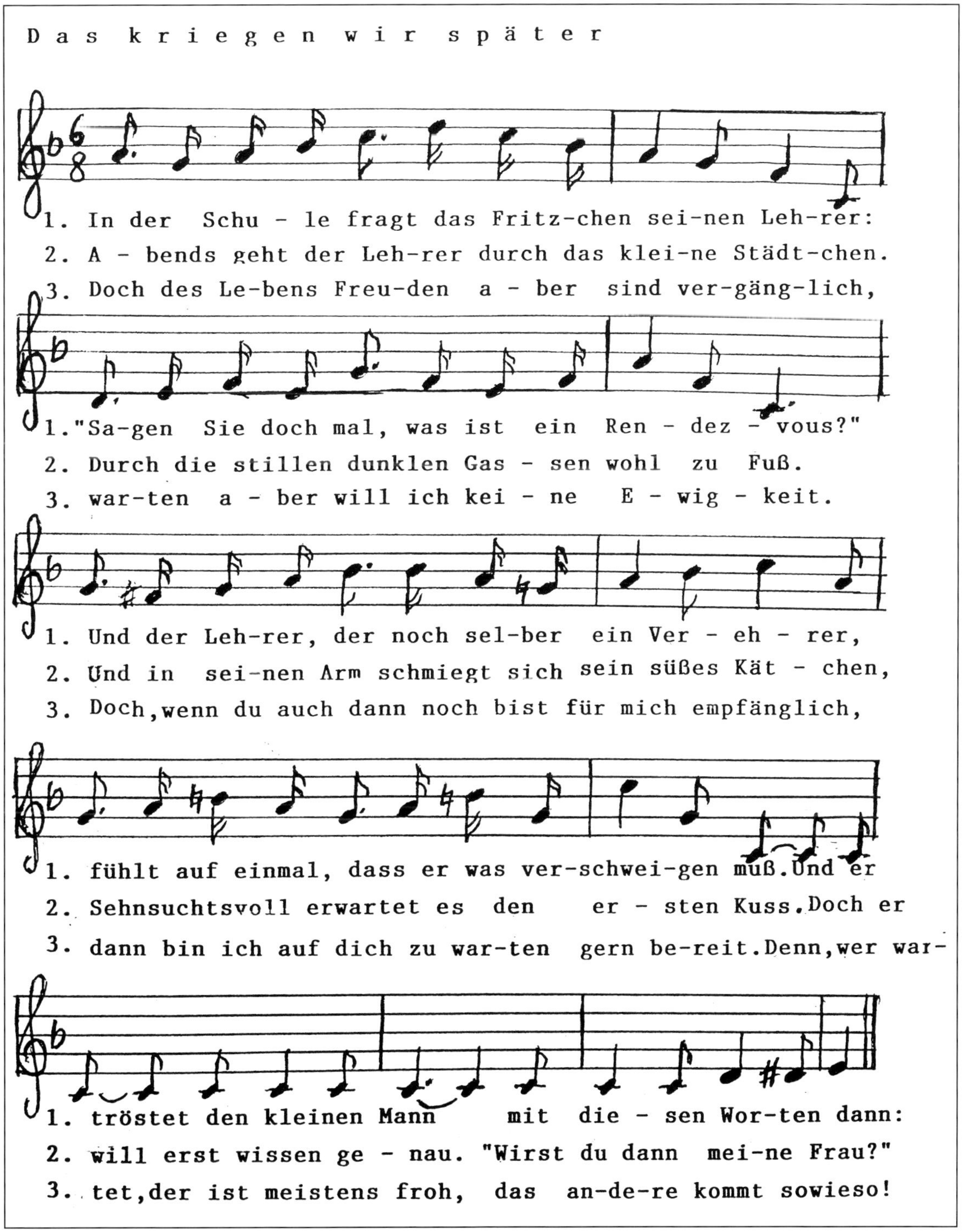

Lied für den Lehrerkarneval 2003

Lehrerkarneval in den sechziger Jahren

Der neue Museumskatalog

(Nach einer Lesebuchgeschichte von Schneider-Claus)

aufgeführt am 11.10.2003

(Wirtsstube, hinter der Theke der Wirt.)

Wirt: Dat es dat richtije Wedder für Jeld ze zälle. Et ränt der janzen leeven Daach. Et Barometer jeht erop on de Rän kütt eraf. Alles verkiert eröm! Kein Minsch ob dr Stroß, kein Minsch en de Weetschaff. Die Zigge sen schläch on wäden alle Daach schlächter. Dat jeiht op scheef aan! Evver Jeld zälle es schlimmer als wie Stein kloppe. Alt en janze Stond ben ich am Jang. Do muß mer die Jedanke zesammehale. Et moß jo och stimme. Un mer will jo och keine Jrosche zovill em Röllche han.

(Geräusche auf dem Flur.)

Wä kütt dan do erenjehöpp?

Museumsmann: Och, dä ahle Weet persönlich! Joden Daach Herr Breidenassel. Jott help Üch!

Wirt: Jott Dank Üch!

Museumsmann: Joot, dat ich Üch self antreffe. Ich han leever mit Mannslück zedon, wenn et um Jeld jeiht. Ich komme vom Museum un bränge Üch dä neue Katalog. Er koß bloß 8 Euro. Jeschenk wüet ich sare, wenn mich einer frogen dät.

Wirt: Üch frögt jo keener.

Museumsmann: Trotzdem, jeschenk sagen ich. Wat do all drensteht, dat kammer alleen net behaale. 264 Seiten auf feinstem Hochjlanzbüttenpapier, dat mäht 3 Cent für jedes Blatt. On all die Belder, do kammer bloß staune, wat die all han.

Wirt: Alles von onsere Steuerjrosche anjeschaff.

Museumsmann: Sagt dat net! Do sen Stiftunge noch un noch. Seht ens he! Zum Beispiel e Stööfje. Ühr weßt sicher net, wat dat es.

Wirt: Jong, hüer op! Su en Dingen han ich noch op de Lööv ze liggen.

Museumsmann: Dat well ich jän däm Doktor Vomm sare, dann kütt der morje alt vorbei!

Wirt: Loß mir dä Kääl us em Hus! Dä verzehrt jo doch nix. En Frikadell on e Bier. Wenn ich von dä Beamte levve sollt, könnt ich morjen am Daach zomaache. Un außerdem, ich behaale ming Saache!

Museumsmann: Oder he! Weßt Ühr, wat ene Riestebock es?

Wirt: Semmer he en de Scholl? Jetz fängt dä Käel och noch aan, die Schullmeister ze spelle. Ech han jar keen Zick für Üch.

Museumsmann: Jo, dann kooft mir jefälligs ene Katalog af, dann ben ich schnell wedder fott!

Wirt: Seht Ühr net, dat ich am arbeede ben?

Museumsmann: Ich könnt Üch jo jett helpe! Dann jeht dat alt jet flöcker met dem Zälle.

Wirt: Su wick kütt dat noch! Ich kann mi Jeld selver zälle! Wievill hat Ühr jesaat? Acht Euro? Dat sen jo 16 Mark! Ihr nemmt et och vun de Lebendije.

Museumsmann: Von de Dude kannste nix mih krijje.

Wirt: Also, her met däm Katalog!

(Nimmt das Buch und schmeißt es in die Schublade)

(Museumsmann nimmt das Geld und setzt sich an einen Tisch)

Museumsmann: Ich well Üch och jet ze verdeene jevve! Doot mir e Dröppche on e Jlas Bier! Ich revanjiere mich, wie dat onger Jeschäftslück üblich es!

Wirt: Dat kann meng Frau maache! Ech han noch andere Arbeet.

(Wirt ab)

Kleine Pause, wenn der Wirt abtritt und seine Frau holen will.
Der Gast sitzt am Tisch und führt ein Selbstgespräch:

Museumsmann: Ja, su jroff ene bergische Wirt es, su joodmödig sin jewöhnlich dere Frauen. Dä könnt singen Laden zu maache, wenn dä sing Frau net hät. Un se stinken für Jeld.

(Die Wirtin erscheint!)

Wirtin: Jott help Üch!

Museumsmann: Jott dank Üch! Frau Breidenassel!

(Wirtin bringt ihm Schnaps und Bier)

Jot, dat Ühr do sit! Ich han leever met Fraulück ze dunn beim Verkoofe. Ich han alt op Üch jewaat. Ich kumme vom Förderverein on wollt Üch dä neue Museumskatalog brenge.

Wirtin: Hat dat Museum jetzt ene Förderverein?

Museumsmann: Der Förderverein fördert das Museum. Die Mitglieder bezahlen 15 Euro Beitrag em Johr.

Wirtin: On wat maat ihr met däm Jeld?

Museumsmann: Davon kauft das Museum neue Altertümchen.

Wirtin: Hat Ühr dann jenog Mitglieder, dat och jet zesamme kütt?

Museumsmann: Et könnten eijentlich vell mih sen!

Wirtin: Es dä Pastur och dren?

Museumsmann: Natürlich es dä dren. Alle, die Wert auf ihren guten Ruf legen, sind dabei.

Wirtin: Watt hatten se jesaat? 15 Euro?

Museumsmann: Im Johr, Frau Breidenassel, dat sen pro Tag geteilt durch 360, dat mäht schnell jerechnet 5 Cent am Daach. Hüert joot zu, Frau Breidenassel. 5 Cent am Daach. Die Jeschäftslück sen suwiesu all dren. Do sitt Ühr in der besten Jesellschaf, en dä Hotfuhlee von unserer Vaterstadt.

Wirtin: Also, jeden Daach fünef Cent. Dat es je wirklich net ze vill!

Museumsmann: Jo, dat es für die ärm Lück. Für die Jeschäftslück jet mih.

Wirtin: Minge Mann, dä dürft Ühr do net frore. Dä stinkt für Jeld. Avver für Kultur hät dä nex am Höötche.

Museumsmann: Ich habe hier ein Formular. Das brauchen Sie nur zu unterschreiben.

Wirtin: Also saren mir 30 Euro im Jahr.

Museumsmann: Wenn mir 36 schrieve, sin dat jenau 10 Cent für jeden Daach.

Wirtin: Jo, schnell, minge Mann kütt.

Museumsmann: On wie es dat noch met däm Katalog?

Wirtin: Doot mir zwei! Dann han ich alt jett für minge ene Schwiejersohn für Weihnachten.

(Frau Wirtin bezahlt, der Museumsmann verabschiedet sich)

Museumsmann: Vielen Dank on tschüss Frau Breidenassel.

(Wirt erscheint)

Wirt: Jott sei Dank, es dä lästije Kääl fott! Mer kann doch net alles metmaache. Jesangsverein, Schützenverein, Turnverein, Kaninchenzuchtverein, Karnevalsverein, Mütterverein, Kindheit-Jesu-Verein. Taubenverein, Fußballverein, on jetz noch ene Förderverein. Dat hällste em Kopp net us. Ich meen, et wör bal joot. Ävver mer well sich jo och net durch et Dörp drage losse. Wat häste dann do ungerm Ärm?

(Die Frau zeigt zwei Kalender)

Wirt: Es dat dann möglich? Do litt och noch eener. Häste se noch all, Frau? Su schnell wie du dat Jeld am Finster eruswirfs, su schnell kann ich et net verdeene. Dä Düvel soll dä Kääl holle.

(Wirt ruft nach Christian)

Christian: Wat es passiert, Meister?

Wirt: Loof demm Kääl mit dä Kataloge hingerher. Er soll ens jrad noch vorbeikomme. Er hätt jet Wichtijes verjesse!

Christian: Hallo! Meister, Hallo, dä Herr Breidenassel scheck mich, Ühr sollt noch ens jrad vorbeikumme. Er hätt noch jett für Üch!

Museumsmann: Jo, ich weeß, wat da well. Dä well noch ene Kataloghan für dä andere Schwiejersohn. Kannst dat Jeld dafür fürleje?

Christian: Sicher, wat koß dä dann?

Museumsmann: 8 Euro

Christian: Die han ich kleen! Hoffentlich krieje ich dat Jeld widder!

Museumsmann: Do bruchste keen Angs für zu han, dä Breidenassel es jo söns sparsam. Ävver für Kultur, do es im keine Penning ze schaad, do es em nix zevill.

Zu guter letzt

Wenn man bedenkt, von wievielen Zufällen es abhängt, daß man froh und heiter durchs Leben kommt, daß man gesund bleibt, daß man die richtige Frau findet, und daß man schon dreiundachtzig Mal Ostereier gegessen hat, dann muß man schon sehr dankbar sein. Aber: „Der Unschuldige hat im Großen und Ganzen nicht Ärgeres auf Erden zu ertragen, als die Schule". (Bernhard Shaw)

Ich bin in der Schule geboren und bei Fräulein Roggendorf und bei meinem Vater in die Schule gegangen. Die Schuljahre waren heiter und fröhlich und voll von lieben Erinnerungen. Aber das Gymnasium habe ich tapfer ertragen. – Lag das an den Lehrern? – Ja, es lag viel an manchen Studienräten, die kein freundliches Schulklima aufkommen ließen und danach trachteten, uns zu beweisen, daß wir keine Ahnung hatten. („Ahn, Sie haben keine Ahnung!") Aber ich war auch oft nicht motiviert zum Lernen der unregelmäßigen Verben und spielte lieber mit meinen Dorffreunden. Nach dem Abitur waren Arbeits- und Militärdienst eine harte Schule, aber im Drachenfelser Ländchen warteten auf mich vierundsechzig Kinder, die vier Jahre keinen richtigen Lehrer mehr hatten. Hier fand ich endlich ein Arbeitsfeld, das mich forderte und dazu noch glücklich machte. Neben Rechnen, Lesen und Schreiben, wie es die Eltern von mir erwarteten, habe ich immer mehr gelernt, wie man es macht, daß auch die Kinder gern zur Schule kommen. Ich wollte ihnen die Augen öffnen für die Schönheit des Ländchens und überhaupt für die Natur und für unsere Mitmenschen im Dorf und in der ganzen Welt. Ich wollte die Kinder selbständig machen und ihnen ein Wertebewußtsein vermitteln, mit dem sie selber denken, unterscheiden und sich entscheiden lernen und auch einen Bezug zur übernatürlichen Welt finden können.

Damals habe ich lange gezögert, den Ruf nach Bergisch Gladbach anzunehmen. Heute weiß ich, daß es eine glückliche Entscheidung war, auch für meine Frau und die Kinder. Mit Hilfe der Stadt habe ich ein Grundstück gefunden und ein Haus gebaut. Zunächst betreute ich die Grund- ,Haupt- und Sonderschulen bis nach Wipperfürth. Dabei waren noch zwanzig einklassige Schulen, die zunächst meine besondere Aufmerksamkeit fanden. Ich brauche überhaupt nicht stolz darauf zu sein, daß wir sie alle aufgelöst haben, obwohl sie alle mit guten Lehrern besetzt waren. Ich habe ja zur Genüge beschrieben, wie ich dafür gesorgt habe, daß sie im Schulmuseum weiterleben. Als wir die ersten Finanzierungsanträge für ein Schulmuseum stellten, waren die beiden Lehrer des Herkenrather Gymnasiums, Rainer Michel und Roland Schundau, noch dabei. Ich bin den vielen Geldgebern aus Bergisch Gladbach, der Stiftung NRW, dem Landschaftsverband und der Stadt Bergisch Gladbach für die Realisierung des Objektes sehr dankbar, denn ohne sie wäre das Vorhaben, aus der alten Dorfschule mit Lehrerwohnung ein modernes Museum zu schaffen, unmöglich so gut gelungen. Daß es modernen Gesichtspunkten von Fachleuten entspricht, das verdanken wir Herrn Dr. Peter Joerißen vom Museumsamt in Pulheim, der dazu einen Künstler der Raumgestaltung, Herrn Günter Marquardt, mitbrachte. Er hatte gerade die Krönungsausstellung in Aachen abgeschlossen und freute sich auf diesen kleinen, aber für ihn interessanten Auftrag. Unter der Leitung des Architekten Appolt waren die Räume vorher vom Gewölbekeller bis zum Dach restauriert worden. Die Herren Wolfgang Götz und Heinz und Martin Trier erwarben sich dabei besondere Verdienste. Die Auswahl der Ausstellungsobjekte bedurfte besonderer Sachkenntnisse, die von unserem Arbeitskreis mit Begeisterung geleistet wurden. Herr Dr. Vomm hat die gesamte Mannschaft betreut und den beiden jungen Museumsfachleuten Peter Joerrißen und Günter Marquardt vertraut und ihnen einen großen Spielraum zugebilligt.

Ich danke allen, die mich ein Stück weit oder bis hierhin begleitet haben, meiner Familie, meinen Schulkindern, den Eltern meiner Schulkinder, meinen Schulfreunden, Fräulein Roggendorf, den Kriegskameraden, den Schul- und Schulratskollegen, meinen alten und neuen Freunden, und heute besonders den Mitstreitern im Schulmuseum.
Ich denke auch an die vielen Schriftproben in diesem Buch, die wir Hans-Walter Böringer zu verdanken haben.
Einen ganz besonderen Dank verdienen Hans Joachim Andersen für die vielen langen und hilfreichen Gespräche zu diesem Buch und Ingrid Michels, die alle Texte sorgfältig und hoffentlich auch mit Vergnügen geschrieben hat.

Offensichtlich macht Schule Spaß – zumindest im Schulmuseum Bergisch Gladbach

Unser Schulmuseum im neuen Glanz

Das Leben im Dorf
ist gesund
In kurzer Zeit
kann man ein hohes
Alter erreichen

Was mögen die Leute gedacht
haben, als Jesus Wasser in Wein
verwandelte? Sie dachten:
Den müssen wir auch mal
einladen.

Ich nahm Peter mit
nach Dortmund zur Beerdigung.
Eine Freude müssen
die Kinder ja haben.